Über die Autorin

Bettina Hennig begegnete dem Einhorn zum ersten Mal mit acht Jahren auf ihren Reitausflügen in Klosterreichenbach im Schwarzwald, wo sie bis zum Gymnasiumbesuch lebte. In ihrem Studium wurde die Bestsellerautorin (*Ich bin dann mal vegan*, *Der frühe Vogel kann mich mal*), Journalistin und promovierte Kommunikationswissenschaftlerin erneut von diesem fabelhaften Tier überrascht. Auch auf dem Balkon ihrer Hamburger Dachgeschosswohnung leben ein paar Exemplare der seltenen Gattung Einhörnchen. Die füttert sie fleißig und hofft, dass sie sich vermehren. Denn sie machen Spaß und bringen Glück.

Bettina Hennig

Das magische Lexikon der

Einhörner

Fabelhafte Fakten für alle, die der Realität nicht trauen

BASTEI
LÜBBE
TASCHENBUCH

BASTEI LÜBBE TASCHENBUCH
Band 17738

Dieser Titel ist auch als E-Book erschienen

Für Delia und Leonie.
Und Schatzi.

Originalausgabe

Copyright © 2018 by Bastei Lübbe AG, Köln
Textredaktion: Artur Senger, Köln
Illustrationen Innenteil: Alexandra Langenbeck, Toronto
Umschlaggestaltung: Guter Punkt, München | www.guter-punkt.de
Unter Verwendung von Illustrationen von © Alexandra Langenbeck;
amete/iStock; Color Symphony/shutterstock
Satz: two-up, Düsseldorf
Gesetzt aus der Minion
Druck und Verarbeitung: CPI books GmbH, Leck – Germany
ISBN 978-3-404-17738-7

1   3   5   4   2

Sie finden uns im Internet unter www.luebbe.de
Bitte beachten Sie auch: www.lesejury.de

Ein verlagsneues Buch kostet in Deutschland und Österreich jeweils überall dasselbe.
Damit die kulturelle Vielfalt erhalten und für die Leser bezahlbar bleibt, gibt es die
gesetzliche Buchpreisbindung. Ob im Internet, in der Großbuchhandlung, beim
lokalen Buchhändler, im Dorf oder in der Großstadt – überall bekommen Sie
Ihre verlagsneuen Bücher zum selben Preis.

Inhalt

Das Tier, das immer da ist, wenn man es braucht

Scheiß auf den Prinzen, ich will ein Einhorn

Jedes Kind weiß, dass es Einhörner gibt. Man muss sich ja nur einmal umschauen! Einhörner springen überall herum. Sie traben munter durch die Literatur, grasen am Sternenhimmel und weiden im Silicon Valley. Auch hierzulande findet man sie an allen erdenklichen Orten, manchmal erkennt man sie aber erst auf den zweiten Blick. So wie ich neulich.

Ich war in einer Kleinstadt im Speckgürtel von Hamburg und hatte fürchterliche Halsschmerzen. Das war ein bisschen blöd, weil ich mich auf dem Weg zu einer Lesung befand, und ich merkte, dass meine Stimme langsam versagte. Hilfesuchend sah ich mich in der Fußgängerzone um.

»Hierher!«, hörte ich es rufen. Die Stimme kam von oben. Da sah ich es. Ein Einhorn!

Sein vergoldeter Kopf hing über einer Apotheke. Obwohl sich dort bereits eine kleine Schlange gebildet hatte und ich meine Bonbons auch gegenüber an einem Kiosk bekommen hätte, reihte ich mich ein. Was blieb mir auch anderes übrig: Das Einhorn hatte mich gerufen. Wer wäre diesem Lockruf nicht erlegen?

Als ich meine Bonbons lutschte, hatte ich den Eindruck, dass sie viel schneller wirkten als sonst. Am Ausgang sah ich hoch zu dem goldenen Kopf und zwinkerte ihm zu. Das Einhorn zwinkerte zurück. Schon auf dem Weg zur Lesung wurde meine Stimme wieder seidig. Später bei der Veranstaltung selbst hatte ich das Gefühl, dass sich über den ganzen Abend ein Regenbogen spannte und Glitzerstaub auf das Publikum und mich herabregnete. Noch nie hatte ich so viel Applaus bekommen. Danke, liebes Einhorn.

Das war nicht das erste Mal, dass mir ein Einhorn half. Wenn ich es mir genau überlege, konnte ich eigentlich schon immer in meinem Leben auf Einhörner bauen. Sie haben mich nie im Stich gelassen.

In meiner Kindheit nicht, im Studium nicht und auch nicht heute …

Meine erste Begegnung mit einem Einhorn hatte ich im Reitunterricht. Ich gebe zu: Reiten war nicht meine Stärke, und meine Lehrerin zögerte lange, bis sie einen Ausritt mit mir wagte. Sie hatte nicht ganz Unrecht, so richtig im Griff hatte ich mein Pferd nie. Doch eines Tages gab meine Lehrerin nach.

Mein Pferd war eine Haflinger-stute namens Odette. Sie war sanftmütig und alt, sie hatte schlechte Zähne und schon graue Haare um die Nüstern. Sie war mein Lieblingspferd. Wenn wir in der Halle unseren Parcours abschritten, fürchtete ich jedes Mal, dass sie zusammenbricht.

Aber als wir dann zum ersten Mal zu einem Ausritt in den Schwarzwald aufbrachen, setzte eine sonderbare Verwandlung bei ihr ein. Je mehr wir uns von dem Dorf, in dem ich aufgewachsen bin, entfernten, je häufiger wir Abwege wählten und je tiefer wir in den Wald eindrangen, desto mehr warf sie ihre alte Gestalt ab. Ihre müden Glieder waren plötzlich straff und voller Energie, ihr Fell nahm die Farbe des Mondscheins an, und ihr holpriger Gang wich einem leichtfüßigen Trab. Auch ich wurde sicherer, meine Lehrerin lobte mich und meine Haltung: »Du bist ja wie verzaubert.«

Ja, Odette und ich wurden wagemutiger. Wir verschmolzen zu einer magischen Einheit. Wir ließen – ich weiß nicht, ob in Wirklichkeit oder in Gedanken – unsere Lehrerin hinter uns. Aus dem Trab wurde ein Gleiten und aus dem Gleiten ein Schweben. Wir flogen dahin wie auf einem goldenen Vlies. Auch auf unsere Umgebung strahlte diese magische Aura ab: Im Wald war es plötzlich so andächtig still wie in einem Film, bei dem jemand den Ton abgeschaltet hatte, und ich bin mir sicher, wir haben einen Regenbogen gesehen. Ich

konnte mir nicht erklären, was da genau passierte, ich wusste nur, dass alles wie verwunschen war. So wie ich es aus meinen Kinderbüchern kannte.

Dann fiel es mir plötzlich auf. Ich hatte es nicht sofort gesehen, aber als ich es sah, konnte ich mir alles erklären: Unter ihrem blonden Pony war meiner Odette ein gedrechseltes, glitzerndes Einhorn gewachsen. Tatsache, ich schwöre!

Diese Geschichte hat mir natürlich niemand abgenommen. Aber so ist das mit Einhörnern: Nur wer an Einhörner glaubt, kann auch das Einhorn als ein Einhorn erkennen. Meine Klassenkameraden hielten mich für gaga, meine Lehrer für eine Tagträumerin. Aber meine Reitlehrerin war gänzlich begeistert von meinem sprunghaften Fortschritt, den sie sich nicht erklären konnte. Statt eintönige Kreise an der Longe zu reiten, bei der sie meine schwachen Fähigkeiten unter Kontrolle zu haben glaubte, ritt sie fortwährend mit mir aus. Auch sie war beflügelt von Odettes Einhorn-Aura.

Das war das erste Mal, dass ich auf ein Einhorn zählen konnte.

Erst als ich schon lange aus dem Wendy-Alter herausgewachsen war, merkte ich, dass ich mit meinem Glauben an Einhörner nicht ganz so allein war – ganz im Gegenteil. Das Tier, das es nicht gibt, wie Rainer Maria Rilke – fälschlicherweise! – behauptet, fasziniert die Menschen seit knapp zweieinhalbtausend Jahren. Egal, wofür ich mich interessierte, das Einhorn war immer schon da. Drang ich in die Geschichte des Mittelalters ein, machte es sich bereits auf Wandteppichen, Minnekästchen, Stoffen, Stickereien, in Gemälden und Zeichnungen breit. Königin Elisabeth I. von England besaß ein Einhorn-Horn, das den Wert einer ganzen Stadt aufwog, und König Christian IV. von Dänemark ließ sich einen Thron aus Einhorn-Horn bauen. Kreuzfahrer erbeuteten in Konstantinopel zwei der kostbaren Hörner und überließen sie dem Markusdom in Venedig. Leonardo da Vinci zeichnete das Einhorn genauso wie Raffael und die Künstler des Jugendstils.

Chinesen verehrten es, und die antiken Perser. Es schmückte das Ischtar-Tor und in aufwendigen Mosaiken den Fußboden der Kathedrale von Otranto. Es wurde als starkes, wildes, unzähmbares Tier verehrt. Aristoteles schrieb darüber, der Philosoph Gottfried Wilhelm Leibniz ebenso. Und Friedrich Schiller trug das Einhorn sogar in seinem Wappen. Im Grimms Märchen wird es vom tapferen Schneiderlein gefangen genommen, in Otfried Preußlers »Das Märchen vom Einhorn« begeben sich sogar gleich drei junge Männer auf Einhornjagd, denn Einhörner gelten als so wild und gefährlich, dass man sich ihnen am besten in einer Gruppe nähert. Von wegen also: Einhörner sind nur Mädchensache.

Tatsächlich bin ich dem Einhorn ausgerechnet in dem Studienfach wieder begegnet, das mit 95 Prozent Männeranteil weit entfernt ist vom Klischee eines pinkfarbenen, plüschigen, mit viel Glitzer verzierten Mädchenzimmers – nämlich in der Informatik. Ich kann mich noch an das Grundlagen-Seminar erinnern, wo wir über die Frage diskutierten, ob Dinge existieren, nur weil wir über sie reden können. An der Tafel standen viele Gleichungen mit noch mehr Unbekannten, die kein Mensch begriff, und die Diskussion war trocken und, wie so oft in der Informatik, ohne jede Anschaulichkeit. Wenn man das nur anhand von irgendetwas erklären könnte, so wie man die Wahrscheinlichkeitsrechnung am Beispiel von Lotto oder Roulette erklären kann …

Ich merkte, wie mein Sitznachbar mit der Müdigkeit kämpfte. Plötzlich kam mir meine Odette in den Sinn. Ohne mich zu melden und abzuwarten, ob der Dozent mich aufrief, platzte ich mit den Worten in den Raum:

»Das ist doch alles viel zu kompliziert. Kann man das nicht mit der Formel zusammenfassen: ›X ist ein Einhorn‹?«
Plötzlich war Leben in der Bude. Es wurde laut und bunt, und unsere Diskussion erreichte so magische Dimensionen, dass wir in der Raucherpause und in der Mensa noch immer darüber sprachen.

Später erklärte mir mein Dozent, dass das Einhorn-Beispiel ein Klassiker der analytischen Philosophie sei und sogar Größen wie der Mathematiker und Philosoph Bertrand Russell sich darauf beriefen. »Fehlschluss durch Subtraktion« nennen das Logiker. Aber das ist jetzt egal, wichtig ist: Ich bekam eine Eins. Zumindest für dieses Seminar. Wieder einmal konnte ich mich auf das Einhorn verlassen.

Seit ich weiß, dass das Einhorn in der Grundlagenforschung der Mathematik einen festen Stellplatz hat, kann ich den Hype verstehen, den die Nerds des Silicon Valley um das Einhorn machen. Das Einhorn ist das goldene Kalb der Digital Natives. Einhörner grasen dort so selbstverständlich in den betriebseigenen Biogemüsegärten, wie auf internationalen Kongressen darüber diskutiert wird, ob und wie man Einhörner am besten füttert, pflegt und, man will ja ihr Aussterben verhindern, züchtet. IT-Giganten, die von der Börse mit mehr als einer Milliarde Dollar bewertet werden, sind nach diesem heimlichen Wappentier benannt: Unicorns – selten, kostbar, glückbringend und beflügelnd für die Fantasie.

Nun gibt es Skeptiker, die die Einhornverehrung der Computerszene als Nerd-Ding abtun. Diese Leute sagen von sich auch noch, sie seien Realisten. Das ist natürlich Unsinn, denn wer wüsste besser über die Realität Bescheid als jemand, der aus Nullen und Einsen ganze Welten erschafft und doch ganz irdische Dinge wie Hunger spürt, wenn der Pizzabote mal wieder zu lange auf sich warten lässt? Es ist ja nicht so, dass nur greifbare Dinge auf uns Einfluss nehmen. Das weiß jeder, der einmal ins Kino gegangen ist und danach völlig verknallt in die Hauptdarsteller wieder herauskam – sei es nun in Ryan Gosling oder in Emma Stone oder gleich in beide.

Es ist nämlich ganz gleich, ob es Einhörner tatsächlich gibt, gegeben hat oder nicht gibt, sie wirken, sie verzaubern uns, sie sprechen uns Mut zu, sie verscheuchen negative Gedanken, und sie stimmen uns froh. Erfüllen unser Leben und unseren Alltag mit Magie und Glitzerstaub. Sie spannen Regenbogen über unsere grauen Tage. Und sie machen einfach gute Laune. Wie heißt es so schön? »Sei du selbst, aber wenn du ein Einhorn sein kannst, dann sei ein Einhorn.« Wie kann man angesichts dieser Worte behaupten, dass es sie nicht gibt? Ich glaube, dass das, was wir Realität nennen, nur etwas für Menschen ist, die Angst vor Einhörnern haben.

Nun ist die Einhorn-Population seit wenigen Jahren glücklicherweise wieder stark angestiegen. Doch amerikanische Wissenschaftler und deutsche Trendforscher haben nur eine vage Erklärung für dieses Phänomen. Eine ihrer Thesen ist: Zeiten von Krieg und Krisen sind immer auch Zeiten der Fantasie und Magie. Poesie, Verrücktheit und etwas Happiness – all das sind Hauptnahrungsmittel der Einhörner. Eine Metastudie steht noch aus.

Empiriker bestätigen diesen Trend, denn sie können auf eine große Datenmenge zurückgreifen: Es gibt Einhorn-Eis, Einhorn-Cafés, Einhorn-Blut, Einhorn-Filets, Einhorn-Smoothies, Einhorn-Höhlen, Einhorn-Kondome, Einhorn-Klopapier, Einhorn-Shampoos, Einhorn-Würstchen, Einhorn-Parfüms, Einhorn-Schokolade: Der Mythos, der mit Aristoteles begann, lebt in einer Tafel Ritter Sport wieder auf.

Ich muss zugeben, dass ich zwar enttäuscht war, dass ich keine der 150 000 Tafeln der limitierten Einhorn-Edition abbekommen habe, die das Unternehmen am 1. November 2016, am Internationalen Tag des Einhorns, auf den Markt geworfen hat. Aber es hat mir auch Mut gemacht. Es bestätigt mir, was ich insgeheim immer gewusst habe: dass ich nicht die Einzige bin, die an Einhörner glaubt. Es sind viele, Tausende, Millionen. Für diese alle und ihre Freunde und ihre Familien und die, die auch keine Einhorn-Schokolade von Ritter Sport abbekommen haben, ist dieses Buch. Es gibt nämlich so viele irrwitzige, spannende, verrückte, alberne, schräge und liebenswürdige Dinge, die man über Einhörner wissen sollte, dass ich mir einmal die Zeit genommen habe, für einen Überblick zu sorgen. In einem großen, fabelhaften, magischen A bis Z über ein Tier, das existiert, weil es existieren muss. Denn es macht einfach glücklich und gute Laune.

Ainkhürn

Wenn die Engländer umständlich vom »horn of the unicorn« sprachen, die Franzosen von der »corne de la licorne«, verkürzte man im mittelalterlichen Deutsch die Sache auf ein Wort: Ainkhürn. Es bezeichnete das Horn des Einhorns. Besonders in Österreich, dem Kernland der Habsburger, war diese Bezeichnung gebräuchlich. Denn wer hatte schon Anlass, über so eine Kostbarkeit zu sprechen, außer die Kaiser des Heiligen Römischen Reiches Deutscher Nation, und das waren nun einmal lange Zeit Habsburger? Tatsächlich befindet sich im Wiener Kronschatz ein über drei Meter langes Einhorn-Horn. Es war ein Geschenk des polnischen Königs Sigismund II. an den römisch-deutschen Kaiser Ferdinand I. Der Pole wollte sich mit seinem Glaubensbruder und Nachbar gut stellen. Das Einhorn-Horn sollte dauerhaften Frieden garantieren. Im Jahre 1540, als die ersten Glaubenskriege ausbrachen, war das sehr wichtig.

Das Ainkhürn wird in der kaiserlichen Schatzkammer der Wiener Hofburg aufbewahrt und gilt als unveräußerliches Erbstück. Das heißt: Die Habsburger können Schlösser verkaufen, ihre gesamten Magazine leer machen und das Tafelbesteck versilbern. Das Ainkhürn nicht! Hoffen wir für sie, dass sie niemals pleitegehen.

Alchemie

Das Wort Alchemie leitet sich aus dem Arabischen الكيمياء bzw. al-kīmiyā' ab und bedeutet so viel wie Metallguss. Das trifft die Sache im Kern. Denn Alchemie war über Jahrhunderte hinweg als die Kunst bekannt, unedle Metalle in Gold zu verwandeln. Das Einhorn fand zunächst keinen Platz darin, weil das Horn des edelsten aller Fabeltiere zwanzigmal so teuer war wie das edelste aller Metalle. Ein schlechtes Investment – ganz klar.

Doch unter den Alchemisten gab es nicht nur die Goldmacher, die im Rang sowieso ganz unten standen. Es gab auch die Okkultisten. Bei ihnen ging es um die Transformation der Seele. Sie widmeten sich der Suche nach dem geheimnisumwobenen Stein der Weisen, der jede Krankheit heilt und auch den Geist reinigt. Bei ihnen gab es keine Formeln, sie beschrieben ihre Umwandlungsprozesse anhand von bildhaften Allegorien.

Damit war das Einhorn wieder im Spiel! Die alchemistischen Lehrbücher sind voller Einhorn-Darstellungen. Das Einhorn mit Löwen, seinem wohl innigsten Gefährten. Das Einhorn mit Hirsch, das Einhorn mit Jungfrau. Was die einzelnen Sinnbilder bedeuten, weiß heutzutage kein Mensch mehr. Kein Wunder: Die Alchemie war eine Geheimlehre, und das jahrtausendealte Wissen wurde nur an ausgewählte Schüler weitergegeben. Nur so viel ist bekannt: Es stellt den Spiritus Mercurius, den Geist des Merkurs, dar, der sich im Element Quecksilber widerspiegelt. Quecksilber und Merkur sind dem Urelement Luft zugeordnet.

So oder so – das Einhorn war der Star! Mit seinem kraftvoll-phallischen Appeal einerseits und seinem jungfräulich-femininen Charakter andererseits galt es als Vollendung des Prinzips von der Vereinigung aller Gegensätze, einer der Grundannahmen der Alchemie.

Alice, Living Next Door to

Eine Nachbarschaft, in der sprechende Kaninchen leben, eine Grinsekatze, die beim Verschwinden nur noch ihr Lachen zurücklässt, ein Märzhase, der Tee trinkt, ist der ideale Wohnort für das Einhorn. Dennoch darf das magischste aller Fabeltiere nicht in Lewis Carrolls »Alice im Wunderland« wohnen.

Elf Jahre später erst hat Carroll dann doch noch seinen Fehler bemerkt. Hatte sich sein Publikum beschwert? Das viktorianische England war verrückt nach dem Einhorn und verewigte es in zahlreichen Gassenhauern. Immerhin war es eines der Wappentiere des stolzen Empires.

In »Alice hinter den Spiegeln« (1871) zieht das Einhorn dann noch bei Alice ein, und das sogar mit seinem Langzeitlebensgefährten, dem Löwen.

In einer Szene albern die beiden so laut herum, dass sie gleich Ärger wegen Ruhestörung bekommen. Denn das Paar macht sich durch ein Kinderlied bekannt, das jeder in Alices Zeitalter mitsingen konnte:

The Lion and the Unicorn
Were fighting for the Crown;
The Lion chased the Unicorn
All around the town
Some gave them white bread,
Some gave them brown,
Some gave them plum-cake
and drummed them out of
town.

Und jetzt alle!

The Lion and the Unicorn
Were fighting for the
Crown …

Alicorn

Die Wortschöpfung »Alicorn« ist wie so vieles im Einhorn-Kosmos skurril und ungewöhnlich. Sie geht auf den Schriftsteller Odell Shepard zurück. Was ihn weit über seinen Tod hinaus unsterblich macht, ist sein Standardwerk »The Lore of the Unicorn« – die Legende des Einhorns. Ein Muss für alle Einhornfans und -forscher! Der Wissenschaftler hat nämlich in diesem Buch alle Dinge und Geschichten zusammengetragen, die man in den Dreißigerjahren über das Einhorn wusste und wissen muss. Doch sprachlich war der gute Mann irgendwann erschöpft. Wie nur die ständige Wiederholung des Wortes »Horn« in der Beschreibung »Einhorn-Horn« oder »Horn des Einhorns« vermeiden? Shepard schuf kurzerhand ein neues Wort: Alicorn. Es ist eine Mischung aus dem arabischen bestimmten Artikel »al« = der, die, das und dem Zwischenlaut »i«, der der besseren Aussprache dient, sowie schließlich dem lateinischen Wort für Horn »cornu«.

Möglich ist, dass Shepard vom italienischen »alicorno« inspiriert wurde. In den umliegenden Wäldern des italienischen Castello d'Alicorno (bei Padua) finden traditionelle Wildschweinhatzen statt, die an die mittelalterlichen Darstellungen von Einhornjagden erinnern. Wusste Einhorn-Crack Shepard über diese Ähnlichkeit Bescheid?

Ally McBeal

»Ally McBeal« ist der beste Beweis dafür, dass auch die Welt der Paragrafen und der dicken Papierakten voller Magie sein kann. Die TV-Serie, die um die Jahrtausendwende Kultstatus erlangte, war bekannt für computeranimierte Effekte, die die Gefühle ihrer Figuren unterstrichen: Da verzerrte sich ein Lächeln zu einem Gebiss mit Reißzähnen, oder Teufelshörnchen wuchsen aus dem Kopf, wenn jemand etwas Böses im Sinn hatte. Doch so anschaulich diese Tricks auch waren, sie waren ganz klar gekennzeichnet als zweite Ebene, die mit der Realität nichts zu tun hatte.

In der zehnten Folge der zweiten Staffel aber, einer Weihnachtsfolge, verschmelzen Magie und Monotonie: Der Investmentbanker Sheldon Maxwell beansprucht die Dienste der Bostoner Kanzlei, in der Ally McBeal arbeitet, weil ihm Knall auf Fall gekündigt worden war. Der Kündigungsgrund: Man hält ihn für einen Spinner, weil er in den Bankräumen ein Einhorn gesehen haben will. Auch in der Beratungsrunde mit seinen Anwälten bleibt Maxwell dabei: »Ich habe mir das nicht nur eingebildet, ich habe es wirklich gesehen«, sagt er.

Ein Fall für Ally, denn auch sie hat einmal ein Einhorn gesehen! Damals mit sieben Jahren. Und sie wird wieder eins sehen. Wenn sie am Ende der Folge in ihre weihnachtlich geschmückte Wohnung kommt, erscheint zwischen Geschenken, Weihnachtsbaum und Sternendeko ein weißes Einhorn mit schimmernder Aura. Wir wissen: Alles ist gut! Der Name der Folge lautet im amerikanischen Original treffend »Making Spirits Bright« – die Geister erhellen.

Altägypten

Auch im alten Ägypten nahm das Einhorn – wie hier im Mittelalter – einen festen Platz im Volksglauben ein. Es trabte durch die Mythologie und durch Erzählungen. Eine Fabel ist erhalten geblieben. Und die geht so:

Ein ausgehungerter Löwe lässt sich von einem Einhorn zu einem Brettspiel überlisten. Im Falle eines Sieges bekommt er zu essen, im Falle einer Niederlage ebenfalls, aber er muss dem Einhorn auf immer dienen. Der Löwe verliert und bekommt seinen Lohn. Er isst und isst und isst und isst. Ein Jahr vergeht, da hört das Einhorn ein Blöken aus der Kammer des Löwen. In einem kurzen Moment keimen Selbstzweifel in ihm auf. Bin ich so herrschsüchtig, dass ich aus dem König der Tiere ein Schaf gemacht habe?, fragt es sich. Es geht zum Löwen und will ihn befreien. Der aber antwortet: »Ich bleibe. So gut wie bei dir wird es mir nirgendwo gehen.«

Und die Moral von der Geschicht'? Die kennen wir nicht.

Amadeus

Als Wächter des Salzburger Mirabellgartens empfangen uns links und recht vor der schmiedeeisernen Eingangspforte zwei Einhorn-Statuen aus Marmor. Ob der kleine Mozart die Tiere bei seinen ersten Schritten bewundert hat? Hat er sie gar gestreichelt oder haben sie später seine Fantasie beflügelt? Oder hat er sich vor ihnen gefürchtet?

Die sagenhaften Tiere standen ursprünglich vor einem anderen Schloss und waren schon mehr als ein Jahrhundert alt, als sie hierherkamen. Der Barock-Bildhauer Bernhard Michael Mandl hat sie für die Residenz Klessheim geschaffen. Doch als der Schlossherr Leopold Anton, an dessen Hof Mozarts Vater Musikus war, Fürstbischof in Salzburg wurde, nahm er nicht nur Mozarts Papa, sondern auch die Tiere mit.

Wer immer den Schlossgarten betritt, muss an ihnen vorbei. Und wer ihn verlässt, wird von ihnen verabschiedet. Sagen sie leise Servus?

Wer das herausfinden will, muss genauer hinhören. Und dann hinsehen. Es lohnt sich.

Die Fabeltiere wie das gesamte historische Zentrum der Stadt Salzburg sind seit 1996 Teil des UNESCO Welterbes. Referenznummer 784.

America

Ich lebe! Mit der Titelmelodie zum Animationsfilm »The Last Unicorn« hat die Gruppe America 1982 einen ihrer größten Hits gelandet. Die dreiköpfige Folkband besingt darin die Überlebensfreude des letzten Einhorns in einer Welt, mit der es zu Ende geht. Das Einhorn als »last man standing«. Wie schön!

In den ersten Takten spitzt sich die Lage für unser armes, letztes Einhorn bedenklich zu:

When the first breath of winter
Through the flowers is icing
And you look to the north
And a pale moon is rising
And it seems like all is dying
And would leave the world
to mourn

Das ist natürlich alles sehr traurig, und man denkt: Oje, es ist alles aus und kramt schon nach dem Taschentuch. Dann aber geht musikalisch und textlich die Sonne auf. Drehen wir die Boxen wieder etwas lauter:

> *In the distance hear her laughter*
> *Of the Last Unicorn*

Ja, da ist es und steht es. Unser Einhorn. Es hat alle überlebt und schreit seine Lebensfreude hinaus. Laut und froh.

> *I'm alive! I'm alive!*
>
> Und jetzt alle:
>
> *I'm aaalive! I'm aaaaalive!*

American Football

Touchdown für die Schwäbisch Hall Unicorns: Seit 1983 durchbricht die ortseigene Footballmannschaft die Defense-Linie der AF-Bundesliga. Zweimal konnte sich das Team gegen die starken Nordmannschaften durchsetzen und wurde Deutscher Meister. Seit 2001 spielen sie durchgehend in der Ersten Liga. Die Mannschaft zählt zu den ältesten und gleichzeitig erfolgreichsten American-Football-Teams in Deutschland. Kein Wunder: Das angriffslustige Einhorn, das auf beiden Seiten des Helms quasi auf den Gegner losstürmt, motiviert zum aggressiven Tackling.

Apotheke

Wer krank ist, kann in mehr als 120 deutschen Städten seine Medikamente in einer Einhorn-Apotheke kaufen. Warum schmücken sich Apotheken mit dem Einhorn? Das geht auf eine Sitte im frühen Mittelalter zurück. Damals trugen die Häuser in den noch jungen Städten keine Hausnummern, sondern Namen, die sich auch bildlich darstellen ließen. Denn lesen konnten zu dieser Zeit nur die wenigsten. Dennoch wollte man gefunden werden. Deshalb setzte man auf markante Symbole und Signets, die nicht selten zu einem Wappen wurden. »Drei Eichen«, »Unter den Linden«, »Zum Mohren«. Auch die Namen starker Tiere waren sehr populär, besonders solche mit biblischem Bezug. Die Evangelistensymbole Stier (Lukas), Adler (Johannes) und Löwe (Markus) rangierten ganz vorn in der Beliebtheitsskala und wurden nur von einem Tier übertrumpft: dem Einhorn. Das magischste aller Tiere wurde besonders von Apotheken vereinnahmt. Sie verehrten es wegen seiner geistlichen und medizinischen Kräfte. Bis heute. Gute Besserung!

Arche Noah

Hat es sich vergaloppiert? Oder zu lange sein Spiegelbild im Silbersee bewundert? Einige von uns werden es kennen: Wir müssen unbedingt noch einmal den Lippenstift nachziehen und die Haare bürsten, und wenn wir dann an der Haltestelle an-

kommen, sehen wir nur noch die roten Rücklichter. Bahn verpasst, wieder Ärger im Job. Auch den Einhörnern wurde ihre Unpünktlichkeit zum Verhängnis.

Als Noah mit seiner Arche gerade ablegte, verpassten die Einhörner das Schiff um ein Haar. Sie sprangen ins Wasser. Seine Söhne Japhet und Sem versuchten, mit Seilen und Haken die ertrinkenden Tiere einzufangen. Vergeblich, sie konnten nur noch zusehen, wie sie in die Fluten gezogen wurden. So geht die Legende. Wie unbedeutend ist da doch ein verpasster Bus im Vergleich zu diesem schicksalhaften Drama, das das Artensterben der Einhörner besiegelte?

Aristoteles

Obwohl Aristoteles (384–322 v. Chr.), typisch für Philosophen, im eigenen Land nichts galt, wird er bis heute als einer der größten und wegweisenden Denker verehrt. Politik, Dramatik, Rhetorik, Ethik, Naturgeschichte, Kultur, Zoologie, Biologie, Staatslehre, Logik, Physik – es gab nichts, worüber der Mann nichts zu sagen hatte. Auf vieles beruft man sich bis heute! Eine späte Genugtuung für den Sohn einer Arztfamilie, der Athen gleich zweimal aus Frust, weil man ihm nicht genug Wertschätzung entgegenbrachte, verlassen hatte. Natürlich hat ein Mann mit so vielfältigen Interessen sich auch dem Einhorn gewidmet. In seiner »Naturgeschichte der Tiere« berichtet er sogar von zwei verschiedenen Einhornrassen.

Er schreibt: »Die meisten gehörnten Tiere sind naturgemäß zweihufig. … Einen Einhufer mit zwei Hörnern hat man noch nicht beobachtet, wohl aber wenige Einhufer mit nur einem Horn, z.B. den indischen Esel; ebenso auch einen Zweihufer mit einem Horn, z.B. den Oryx.«

Angesichts von so viel ausgeprägtem Fachwissen und einer enormen naturwissenschaftlichen Credibility kam natürlich niemand auch nur annähernd auf den Gedanken, dass Aristoteles totalen Humbug erzählte. Im Gegenteil. In der allgemeinen Begeisterung für sein Werk sah man großzügig über einige Ungereimtheiten hinweg und berief sich auf ihn. Der Römer Plinius d. Ältere (23/24–79 n. Chr.) schrieb von ihm ab, Julius Caesar, Claudius Aelianus, die anonymen Verfasser des »Physiologus« (beide um 200 n. Chr.), die Autoren der mittelalterlichen Naturheillehren und pharmazeutischen Schriften, und, und, und.

Und alle nahmen seine Worte für bare Münze. Frei nach der Devise: Wenn *der* das sagt, dann muss es stimmen! Wenn man es positiv bewerten will, kann man auch sagen: Durch Aristoteles kam das Einhorn in unsere Tierwelt. Seien wir ihm also dankbar.

Freilich muss man Aristoteles zugutehalten, dass zu seinen Lebzeiten das Einhorn schon einen festen Platz in den Schriften der Gelehrten gefunden hatte und er, wie jeder andere auch, diese Schriften zum großen Teil nur auswertete und neu auslegte. Wir müssen nicht lange drum herumreden. Aristoteles hat abgeschrieben und würde sich heute einer Urheberrechtsverletzung schuldig machen. Wir wissen auch wo: bei Ktesias von Knidos, und auch dessen Berichte basieren auf höchst fragwürdigen Quellen.

Die Kunde vom Einhorn: Fake News? Bad. Very bad.

Artenschutz

Warum sind Einhörner vom Aussterben bedroht? Wie andere Tiere wird es ohne Verstand abgeschlachtet, weil man sich von seinem Körper Heilkräfte verspricht. Interessanterweise ist es nicht nur das Horn, das für Schamanen und medizinische Scharlatane von Wert ist, sondern auch sein silberfarbenes Blut. Es verleiht ewiges Leben.

In der magischen Welt des Harry Potter wird es deswegen durch strenge Gesetze geschützt. Wer ein Einhorn tötet, um von seinem Blut zu trinken, lebt zwar ewig, ist aber auch auf ewig verflucht. Willkommen in einem Zombieleben! Diese Maßnahmen können die bestehende Population tatsächlich erhalten. Nur Lord Voldemort kümmert sich nicht darum. Er tötet ein Einhorn. So ist das mit den Bösen: Sie sind wirklich böse.

Artenvielfalt

Die rückläufigen Dorsch-
bestände werden durch eine
Fangquote geschützt. Der
Einhorndorsch aber schützt
sich selbst. Er ist erstens nur bis
zu zwölf Zentimeter lang und
damit gemessen an seinen Verwandten sehr klein – das macht
ihn für Berufsangler uninteressant. Zweitens hat er auf dem
Kopf eine sperrige, grätenartige
Flosse, die wie ein Horn nach
oben ragt. Daher sein Name.
Die Hornflosse ist eine Waffe
gegen unliebsame Attacken.
Von wegen Fressen und Gefres-
senwerden! Der Einhorndorsch
hält hungrige Großmäuler auf
Abstand.
Seine offizielle Bezeichnung
lautet Bregmaceros. Das ist
Griechisch und setzt sich aus
»Bregma« für Stirn und »ceros«
für Horn zusammen. Von ihm
sind zwölf Arten bekannt. Das
ist eine gute Nachricht. Denn
während der Dorsch vom Aussterben bedroht ist, besticht der
Einhorndorsch durch Arten-
vielfalt.

Aspirin des Mittelalters

Das Horn des Einhorns war
in der dunklen Ära des Mit-
telalters ein medizinischer
Allrounder, der Wunder wirkte.
Man zerrieb es zu Pulver,
drehte daraus Pillen, hobelte
Späne ab, die man in Tees und
Speisen rührte. Man kochte
Salben, mischte Tinkturen,
setzte heilende Wasser an. Seine
Wirkung galt als allumfassend:
Es schützte vor Krämpfen und
Epilepsie. Es half bei Fieber,
Gicht und Pest. Geschwüre
schwollen ab, Husten löste sich
und Verstopfungen ebenso. Es
verscheuchte die dunklen Wol-
ken der Melancholie. Es hielt
Körper, Geist und Seele zusam-
men. Und es gab Sterbenden
die Lebenskraft zurück. Das
Einhorn wurde zum Schutztier
der Ärzte und Apotheker.
Der Glaube an die Heilkraft des
Einhorns ging auf die ältesten
Einhorn-Schriften überhaupt
zurück. Schon vierhundert
Jahre vor Christus sprach man
dem Tier magische Kräfte
zu. Der Wanderheiler und

Wundertäter Apollonius von Tyana berichtete um unsere Zeitenwende, dass sich indische Fakire einen heilkräftigen und lebensverlängernden Einhorntrunk zuführten.

Haben die Verfasser des »Physiologus« von ihm abgeschrieben? Diese Naturlehre, in der orientalische, hellenistische und indische Einflüsse zu einer frühchristlichen Moralfibel verbacken wurden, hat den Glauben an die Wunderkraft des Einhorns in unseren Sphären verbreitet. Der kranke Martin Luther bekam von seinem Förderer, dem Grafen Mansfeld, auf seinem Sterbebett zwei Löffel Einhorn mit Wein als Krafttrunk gereicht. In seinem Fall hat es nicht geholfen. Dem Glauben an Einhorn-Power hat es keinen Abbruch getan.

Denn trat die gewünschte Wirkung nicht ein, redete man sich gerne mit den Worten heraus: Es war Gottes Wille.

Heilkundige haben die Mär von der Einhorn-Medizin bis in die frühe Neuzeit weitergetragen und durch eigene Anwendungstipps erweitert. Man empfahl Einhorn-Leber gegen Aussatz oder einen Gürtel aus Einhorn-Leder gegen Pest und Fieber.

Der berühmte Zürcher Arzt, Botaniker und Gelehrte Conrad Gesner verschrieb es in der Mitte des 16. Jahrhunderts als wirksames Mittel gegen Epilepsie, Würmer und Tollwut.

Das jüngste Dokument, das den Einsatz von Einhorn als Medizin anpreist, ist die Londoner Pharmacopoeia von 1765! Während andere Heilmittel wie Drachenblut, Hundekot und Schimmel aus dem Schädel Toter bereits als Hokuspokus abgetan wurden, empfahl dieser offizielle, amtliche Katalog aller in England erfassten Heilmittel Einhorn-Horn als fiebersenkendes Mittel.

Über den Grund, warum sich dieses medizinische Wundermittel nicht bis heute durchsetzen konnte, wird immer noch spekuliert. Vielleicht ist die Antwort ganz einfach: Aspirin hat die gleiche allumfassende Wirkung und ist dabei viel, viel billiger.

Äthiopien

Der griechische Kaufmann Kosmas Indikopleustes war einer der ersten Ländersammler. Schon im 6. Jahrhundert nach Christus reiste er nach Indien. Daher sein Name. Der bedeutet: Indienfahrer. Wir wissen nicht, ob er wirklich jemals da war. Verbürgt aber ist, dass er zumindest bis in die Levante und von da aus nach Arabien und nach Ostafrika kam. Natürlich hat er auf seinen Reisen auch das Einhorn gesehen. Im Königreich Axum, dem heutigen Äthiopien, begegnete Kosmas dem Einhorn das erste Mal. Gleich mehrere überlebensgroße Statuen zierten den Palast des sagenhaften Königs Ezana, der das Reich zweihundert Jahre vor Kosmas Besuch gegründet hatte.
Sie blieben nicht der einzige Hinweis, den Kosmas auf die Existenz des Einhorns bekam.

Ein Einwohner erzählte ihm, wie das Einhorn vor einer Gefangennahme flieht: Es stürzt sich kopfüber in den nächsten Abgrund, fängt den Stoß mit seinem Horn auf und rennt dann davon. Das war auch der Grund, warum es bislang niemand gelungen war, das Einhorn zu fangen.

Atlantis

In einer Welt, in der wir mittels GPS und »Lonely Planet« fast jeden Winkel erkundet haben, ist uns Atlantis als einer der letzten unentdeckten Sehnsuchtsorte geblieben. Dabei ist es ganz gleich, ob es vor mehr als zehntausend Jahren versunken ist oder nicht. Seitdem es Platon im 4. Jahrhundert vor Christus in seinen Schriften »Timaios« und »Kritias« erwähnt hat, blüht es – in unserer Fantasie.
Platon beschreibt das Inselreich als sagenhaften Ort voller Reichtümer, der so groß war wie die damals bekannte Welt. Es lag hinter den Säulen des

Herakles, wie man die Meerenge von Gibraltar seinerzeit nannte.

Der Name der Insel leitet sich von Atlas ab. Dieser war ein Sohn des griechischen Meeresgotts Poseidon und oberster Herrscher über die sagenumwobene Inselgruppe.

Auf Atlantis gab es Gold, Silber und Messing und riesige Äcker, die von einem ausgeklügelten Kanalsystem durchzogen wurden. Und es war voller fabelhafter Tiere.

Während Altertumsforscher die Existenz von Atlantis anzweifeln, ist sich die esoterische Szene sicher, dass es Atlantis nicht nur gegeben hat, sondern dass dort auch Einhörner lebten. Sie waren die Reittiere der Bewohner, auf denen man sich ganz selbstverständlich fortbewegte und auch manches Mal in die Lüfte abhob.

Denn das, was die Atlantis-Einhörner von Einhörnern unterscheidet, sind ihre meterbreiten Schwingen. Da kommen sie ganz nach dem Flügelpferd Pegasus, das ebenfalls ein Kind des Poseidon war. So wie Atlas, der Herrscher über Atlantis. Pegasus und Atlas sind göttliche Halbgeschwister. Bleibt also alles in der Familie.

B

Babylon, By the Rivers of

Die Babylonier haben unsere Zeit, unser Winkelmaß und unseren Einhorn-Glauben erfunden. Das hängt tatsächlich alles irgendwie zusammen, ist aber kompliziert. Deshalb der Reihe nach:

Schon zwei Jahrtausende vor Christus entfaltete sich im Land zwischen Euphrat und Tigris, dem heutigen Zentralirak, die Hochkultur Babyloniens. Die Babylonier konnten schreiben, rechnen, kannten fließendes Wasser, hatten ein intaktes Verkehrssystem und eine funktionierende Verwaltung. Sie bauten Häuser aus Stein und beobachteten die Sterne.

Weil sie wussten, wie man die Winkel zu den Sternen maß, wussten sie auch, wie man allgemein Winkel maß. Sie kannten den Satz des Pythagoras, schon bevor Pythagoras

überhaupt geboren war, das war nämlich erst um 570 v. Chr. Ihre Berechnungen fußten aber nicht auf einem Dezimalsystem mit der Basis Zehn, wie wir es heute kennen, sondern auf einem sogenannten Sexagesimalsystem. Die Basis ist hier die Zahl Sechzig. Weil das so war und es so gut funktionierte, schrieben die Griechen von ihnen ab und von denen wiederum die Römer usw. – bis es bei uns landete.

Das babylonische Zahlensystem ist letztlich daran schuld, dass wir ein Winkelmaß von 360 Grad haben und unsere Stunden sechzig Minuten und unsere Minuten sechzig Sekunden. Denn eine Stunde ist einfach nur ein Stück Winkel, den die Erde auf ihrer Laufbahn zurücklegt. Alles klar?

Mit ihren hoch entwickelten Kenntnissen von Mathematik und Statik konnten die Babylonier gigantische Städte bauen. Der Turm zu Babel ist ihr berühmtester Protzbau. Wir kennen ihn aus der Bibel.

Andere Prestigegebäude sind von Archäologen ausgegraben worden. Am bekanntesten ist das Ischtar-Tor. Bauherr war König Nebukadnezar II., der um 600 v. Chr. fast ein halbes Jahrhundert die Geschicke des Landes bestimmte. Das Ischtar-Tor war Teil einer Prachtallee, die es mit »Unter den Linden« in Berlin aufnehmen könnte. Das Tor bestand aus zwei Bauten, allein der Innenplatz maß 48 Meter in der Länge. Die Mauern waren mit glasierten Ziegeln verziert. Sie zeigten Fabeltiere und Tiere aus den Tierkreiszeichen. Und, wen wundert es an dieser Stelle, Einhörner.

Das wilde, kraftvolle Einhorn wurde als Schutztier verehrt. Es schreckte ungebetene Besucher ab und verlieh den Bewohnern Babylons Stolz.

Nun gibt es Menschen, die sagen: Die Ischtar-Einhörner seien gar keine Einhörner, sondern Stiere, die man von einem bestimmten Winkel aus betrachtet. Was für ein

Quatsch! Das hieße ja zu behaupten: Die Babylonier hätten keine Ahnung von Winkeln gehabt. Dabei haben sie sie doch erfunden.

Ballermann

Wer das Einhorn sucht, kann ganz sicher auf Mallorca fündig werden. Ihm wurden in der Partyzone von S'Arenal gleich mehrere ungewöhnliche Kultstätten errichtet, wo es aus Tausenden Kehlen gehuldigt wird. Ob im »Oberbayern«, »Megapark«, »Bierkönig« oder am Ballermann – wenn Schlager-Matador Mickie Krause (»Zehn nackte Friseusen«) seinen Einhorn-Song anstimmt, zeigt sich das Publikum auch nach Eimersaufen und »Kleiner-Feigling«-Klopfen textsicher bis in die letzte der drei simplen Strophen. Und selbst nach harter Party bis zum Sonnenaufgang klappt es noch beim Zick-Zack-Kurs zum Hotel mit dem Refrain: »Einhorn, Einhorn, da vorn, Einhorn!«

Bangkok, One Night in

Während draußen die Autos hupen, Händler auf den Straßenmärkten ihre Waren feilbieten und eine drückende Mischung aus Abgasen und Räucherstäbchen das Atmen erschwert, schwebt man im Unicorn Café wie auf einer rosaroten Wolke. In einer Seitenstraße zwischen den pulsierenden Verkehrsadern Silom und Sathon Tai Road entfaltet sich in einer kaum wohnzimmergroßen Konditorei ein pastellfarbenes Paralleluniversum voller Glitzerstaub und Regenbogenfarben. An der Wand bäumen sich stolze Tapeten-Einhörner auf. Es gibt Einhörner aus Plastik und Plüsch, aufblasbare Einhörner und Einhörner als Aufkleber und Button. Und Einhörner to go. Ein Kuscheltier kostet um die 180 Baht, das sind noch nicht einmal fünf Euro. Und für diejenigen, die sich selbst in ein Einhorn verwandeln möchten, ist auch gesorgt. Denn am Tresen liegen Einhorn-Mützen bereit, die jeder ausleihen kann. Wie heißt einer der bekanntesten Einhorn-Sprüche? »Sei du selbst, aber wenn du ein Einhorn sein kannst, sei ein Einhorn.« Na, bitte! Ist die Verwandlung vollzogen, lässt man sich auf einem der zwanzig Plätze nieder und genießt im rosa Ambiente Waffeln in allen Farben des Regenbogens oder Cupcakes mit Glitzerfrosting. Es gibt auch Burger und Hotdogs, die durch eine umgedrehte Eiswaffel zu Einhorn-Fastfood geadelt werden. Nur Kaffee gibt es im Einhorn-Café nicht, dafür Bubble Tea in seltsamen Farben, die kein Gesundheitsamt durchwinken würde. Kinder findet man hier kaum, dafür alles, was sich in Bangkok für hip hält. Bangkoks Nächte beginnen hier. Montags hat das Café geschlossen. Nächste Bahnstation: Chong Nonsi.

Bestiarium

In einem Bestiarium versammelten sich alle wilden Tiere und bildeten einen bunten Bilderbogen. Das Mittelalter liebte Bestiarien. Diese reich illustrierten Bücher verbanden gruselige Schilderungen von Geschöpfen und missionarischen Eifer im Namen des Christentums. Das gelang ihnen, indem sie Tiergeschichten mit moralischen Inhalten verknüpften.

Die Evangelistensymbole Stier (Lukas), Adler (Johannes) und Löwe (Markus) waren gesetzt. Hinzu kamen Exoten wie Tiger, Elefant, Nashorn. Man dichtete den Tieren menschliche Eigenschaften an. Teilweise ist das, was wir über bestimmte Tiere denken, bis heute durch Geschichten der mittelalterlichen Bestiarien geprägt. Denken wir an den Drachen. Er ist böse und muss besiegt werden. Oder der Basilisk, der einer Riesenschlange ähnelt – Bibelkenner werden es ahnen: Als Schlange steht er für Verführung, Verrat und Doppelzüngigkeit – auch übrigens bei »Harry Potter«, wo er ein Gastspiel hat.

Die Bestiarien boomten bis

ins späte 14. Jahrhundert. Als Longseller galt der sogenannte »Physiologus«. Dann wurden sie von der Kirche als Aberglaube verfemt. Dichter der Moderne haben dieser sonderbaren literarischen Gattung im 20. Jahrhundert ein kurzes Revival beschert: Der Franzose Paul Claudel hat eins verfasst, ebenso der Argentinier Jorge Luis Borges.

Das Einhorn hat in den Bestiarien unstrittig den besten Part. Es ist gut und liebenswürdig, und als Sinnbild für Reinheit und vollkommene Menschenliebe steht es für Jesus, den Erlöser.

Bibel

Allein im Alten Testament wird das Einhorn achtmal erwähnt. Hier die Stellen aus der überarbeiteten Luther-Bibel von 1912. Bei Hiob 39:9 heißt es: »Meinst du das Einhorn werde dir dienen und werde bleiben an deiner Krippe?«

Im 5. Buch Mose 33:17: »Seine Herrlichkeit ist wie eines erstgeborenen Stieres, und seine Hörner sind wie Einhornshörner; mit denselben wird er die Völker stoßen zuhauf bis an des Landes Enden.«

Im 4. Buch Mose 23:22: »Gott hat sie aus Ägypten geführt; seine Freudigkeit ist wie eines Einhorns.« Was ein Kapitel später fast bis aufs Wort genau noch einmal wiederholt wird: »Gott hat ihn aus Ägypten geführt; seine Freudigkeit ist wie eines Einhorns.« (24:8)

In den Psalmen kommt es gleich dreimal vor: »Hilf mir aus dem Rachen des Löwen und errette mich von den Einhörnern!« (22:21). »Und macht sie hüpfen wie ein Kalb, den Libanon und Sirjon wie ein junges Einhorn.« (29:6) Und: »Aber mein Horn wird erhöht werden wie eines Einhorns, und ich werde gesalbt mit frischem Öl.« (92:11)

Und dann noch bei Jesaja 34:7: »Da werden die Einhörner samt ihnen herunter müssen und die Farren samt den gemästeten Ochsen.«

Wenn die Bibel Gottes Wort ist, wer könnte da die Existenz von Einhörnern bestreiten?

Blade Runner

Wann ist ein Mensch ein Mensch? Was ist echt, was nur gespielt? Können Maschinen fühlen? Und sind Maschinen nicht doch die besseren Menschen?

Die Fragen, die die Hollywood-Dystopie »Blade Runner« im Jahr ihres Erscheinens aufwarf, waren wohl für ein Mainstream-Publikum zu pessimistisch. Um 1982 war die Stimmung ja eher Highlife: Denver, Dallas und jede Menge Champagner. Aber »Blade Runner« war düster und dunkel, geheimnisvoll und apokalyptisch. Der Film floppte.

In intellektuellen Zirkeln – Universitäten, die Ostküste – aber redete man sich gerade die

Köpfe über die Frage heiß, ob nicht vielleicht doch alles eine Simulation sei und wir sowieso nur Kandidaten in einem großen Spiel seien. »Blade Runner« wurde der Film zur Debatte. Und Kult. Und natürlich spielt darin das Einhorn eine kleine, aber bedeutende Rolle.

Worum geht es? In einem dunklen, regnerischen L.A. des Jahres 2019 (von 1982 aus gesehen in weiter Zukunft) werden menschenähnliche Replikanten (Androiden) auf fernen Kolonie-Planeten versklavt. Sie dürfen die Erde nicht betreten. Aus gutem Grund: Sie sind stärker und schlauer als die Menschen, die Angst vor ihnen haben. Die Replikanten haben deshalb nur eine Lebenszeit von vier Jahren. Betreten sie heimlich die Erde, werden sie getötet. Es gibt Spezialisten für diese Art von Job: die Blade Runner. Deckard ist ein solcher Spezialist. Er wird aus dem Ruhestand zurückgeholt, als sechs Replikanten ein Raumschiff gekapert und auf der Erde Unterschlupf gefunden

haben. Doch Deckard verliebt sich in die Replikantin Rachel. Als er über einer Recherche einnickt, erscheint ihm im Traum ein Einhorn. Ein Hinweis auf das Undercover-Dasein Deckards als Replikant? Möglich, denn das Einhorn ist ein Tier, in dem Realität und Traum zusammenfallen.

Noch einmal kommt das Einhorn in diesem Zusammenhang vor. Denn nach zahlreichen Verfolgungsjagden, Schusswechseln und einem spektakulären Showdown gratuliert der Polizist Gaff Deckard zu seinen Erfolgen und sagt: »You've done a men's job, sir!« – in der deutschen Synchronisation heißt es: »Sie haben einen Männerjob gemacht, Monsieur!« Aber das englische Wort bedeutet auch »Menschenjob«. Deckard, der Replikant, macht den Job, den eigentlich Menschen machen müssten. Aber er macht ihn, weil er ihn besser kann, eben weil Replikanten alles besser können als Menschen – auch Replikanten töten.

In der Schlussszene flieht er mit Rachel. Bevor beide in den Aufzug steigen, findet er auf dem Boden ein Origami-Tier, wie sie der Polizist Gaff überall hinterlässt. Es ist ein Einhorn. Deckard betrachtet es und hört Gaffs Worte: »Schade, dass Rachel nicht leben wird. Aber wer tut das schon?« Deckard zerknüllt das Papier-Einhorn. Natürlich lebt Rachel. Wie er, wie das Einhorn! Und damit sind alle Fragen gelöst.

Buddhismus

Wer einmal in China vor der imposanten Statue eines dicken Buddhas stand, wird nachvollziehen können, dass dort nicht eine vollblütige Einhorn-Variante in Gestalt eines rassigen, feingliedrigen Pferdes verehrt wird, sondern sein XXL-Pendant, das Rhinozeros. Das aber erfährt die gleiche Wertschätzung wie sein schlanker europäischer Verwandter. Es gilt als Symbol der Liebe, der Ausgeglichenheit, des Friedens und der Einzigartigkeit. Man kann sagen: Es kommt auf die inneren Werte an. Oder: Echte Einhörner haben eben Kurven.

Caticorn

Wie kann man vor seiner Facebook-Community mit Cat Content glänzen, ohne seine Einhorn-Freunde zu verprellen? Ein klassischer Konflikt in der Welt 2.0, den wir dank Claire Belton and Andrew Duff ziemlich lässig managen können. Die Erfinder der dicken, grauen, tapsigen Comic-Katze Pusheen (kommt vom Gälischen Wort puisin für Kätzchen) haben eine Figur geschaffen, die die Vorzüge beider Lieblingstiere vereint: die Einhorn-Katze.

Wer also auf Facebook hin- und hergerissen ist zwischen dem Wunsch, a) seinem Chatpartner ein niedliches Kätzchen zu schicken, das über die Härten des Alltags hinwegtröstet, und b) ihn mit dem kraftvollen Appeal des Einhorns aufzubauen, versendet im Chatfenster einfach ein Unicorn-Pusheen mit flatternder Regenbogenmähne. Power und Puscheligkeit – noch nie waren Gegensätze so ideal vereint.

PS: Die Pusheen-Sticker sind kostenlos.

Charlie the Unicorn

Schon bald nachdem Jason Steel am 26. November 2005 den Clip »Charlie the Unicorn« auf YouTube hochlud, entwickelte sich der dreiminütige Trickfilm zum viralen Hit. Knapp 68 Millionen Mal wurde er bislang aufgerufen. Die Welt im Charlie-Fieber. Es folgten drei Sequels und diverse Adaptionen in Musikvideos, Parodien, und es gab sogar ein Merchandising mit T-Shirts, Kaffeebechern und Bandanas.

Selbst der »Hollywood Reporter«, der seine kritische Aufmerksamkeit sonst auf Budgets und Besetzungen von millionenschweren Blockbustern richtet, ließ sich zu einer Besprechung des billigen Amateurfilmchens herab. Er lobte

die große »Einhorn-Freude«, die dieser Film vermittele. Einhorn-Freude? Damit traf der Rezensent den Nagel auf den Kopf. Kein Wort hätte den Kult, den Charlie losbrach, besser erklären können. Charlie gilt als Quelle des weltweiten Einhorn-Hypes.

Doch worum geht es?

Der lethargische Charlie wird von zwei anderen Einhörnern – einem rosafarbenen, einem violetten – aus seinem Mittagsschläfchen gerissen. Sie erzählen ihm, dass sie endlich die Karte zum sagenumwobenen Candy Mountain, dem Bonbonberg, gefunden haben und er sich das unbedingt ansehen müsse. Charlie will sich lieber noch einmal umdrehen, doch da springt das violette Einhorn so lange auf ihm herum, bis er sich erweichen lässt.

Auf dem Weg zum Candy Mountain treffen sie auf einen Liopleurodon. Als die beiden Einhörner vorgeben, mit dem Liopleurodon über den Candy Mountain zu sprechen, wirft Charlie ein, dass der doch nur brüllt und gar nicht spricht. Die beiden Einhörner übergehen seine Bedenken, indem sie ihn mit wundervollen Details zum Candy Mountain zermürben. Endlich kommen sie am Ziel an. Die Buchstaben »Candy Mountain« fangen an zu tanzen und singen ein Lied, in dem sie den Zauber des Bonbonbergs anpreisen. Der Bonbonberg ist einfach super, niemand kann sich seiner Magie entziehen – man muss ihn einfach besuchen! Die Botschaft sitzt. Charlie gibt klein bei und geht in den Berg hinein. Als er drinnen ist, fällt die Tür zu und die Einhörner verabschieden sich lachend von ihm. Charlie ist in eine Falle getappt. Als er aufwacht, hat man ihm die linke Niere entnommen. Ende, Abspann.

Und wie lautet die Moral von der Geschicht'? Traue einem Einhorn nicht? Ein Charlie-Fan bringt es auf den Punkt: »Wir sind doch alle schon einmal auf falsche Freunde mit falschen Versprechungen hereingefallen. Und wir alle haben dafür bitterböse bezahlen müssen.«

Tja, sind wir nicht alle ein bisschen Charlie?

Chimäre

Eine Chimäre ist ein fiktives Mischwesen und hat auch den unschönen Beinamen »Monster«. Das kommt daher, dass die Chimäre sich aus verschiedenen Tieren oder gar einem Menschen und mehreren Tieren zusammensetzt.

In den meisten Fällen kann das ganz schön gruselig sein und für einen Auftritt im Zirkus (»Menschen, Tiere, Sensationen«) empfehlen, etwa beim Schlangenmenschen, oder als Ausstattung für einen Horror- oder Sci-Fi-Film. Denken wir nur an die Mutationen aus »Die Tribute von Panem«!

Nur beim Einhorn ist die Mischung gelungen und angenehm. Es vereint die positiven Eigenschaften aller wundersamen Fabeltiere in sich. Das Einhorn ist die Vollendung und genau genommen auch der Ursprung der Chimäre. Denn Chimäre leitet sich von dem altgriechischen »Chimaira« ab, was übersetzt »Ziege« heißt. Wir stellen das Einhorn heutzutage zwar immer als Pferd dar, aber schauen wir einmal genau hin: Bis zum Ende des Mittelalters glich es eher einer einhörnigen Ziege. Manchmal sogar mit Bart.

China

In China heißt das Einhorn Quilin. Es zählt neben dem Phoenix, dem Drachen und der Schildkröte zu den vier glückbringenden Tieren. Es gilt als friedlich und ausgeglichen, worauf auch sein Name hinweist. Qi bezeichnet Energie, Wind, Kraft, ist aktiv und gilt als männlich, Lin ist weiblich, sanft, fließend. Beide Temperamente halten sich die Balance. Das Quilin hat schon bei der Erschaffung der Welt geholfen, später graste es in den Gärten des sagenhaften Gelben Kaisers, der im dritten Jahrtausend vor Christus gelebt haben soll. Es ist so alt wie die Menschheit. Das Quilin hat von allen Tieren das Beste. Den Rumpf eines Drachens, die Hufe eines Ochsen, den Schwanz eines Löwen, den Bart eines Karpfens und das Horn eines Hirsches. Sein Rückenfell schillert in fünf Farben. Es ernährt sich rein pflanzlich. Wenn es über eine Wiese trabt, zertrampelt es weder die Halme noch zertritt es Käfer – so leicht ist sein Gang. Es ist ein Glücksbringer, der links und rechts vor dem Hauseingang wacht und den Bewohnern Frieden, Gerechtigkeit und einen Kindersegen beschert. Das Quilin richtet aber auch die Bösewichte: Es wird berichtet, dass ein Richter des Shun mehr als zweitausend Jahre vor Christus ein Einhorn besaß, das Recht sprach. Es ließ die Unschuldigen gehen, streckte jedoch die Schuldigen mit nur einem Hieb seines Hornes nieder. Findet man ein verletztes, sterbendes Quilin oder seinen Kadaver, dann ist das ein Zeichen für ewiges Unglück. Erfreulicherweise kommt das nur sehr selten vor. Denn das Quilin wird, wenn es nicht von Jägern erlegt wird, über tausend Jahre alt.

Christian Morgenstern

Christian Morgenstern (1871–1914) hat die Tierwelt um eine neue Art bereichert: das Nasobém. Dieses bevölkert das weite Reich der Poesie, obwohl es nur in der Fantasie existiert. Sein Nasobém und das Einhorn sind in diesem Sinne Geschwister im Geiste.

Das Nasobém taucht erstmals in Morgensterns Lyrikband »Galgenlieder« (1905) auf. Das Gedicht beschreibt ein Tier, das sich nur auf seinen Nasen fortbewegt. Allein, dass es mehrere Nasen besitzt, ist bemerkenswert.

Morgensterns Geschöpf diente dem bekannten Zoologen Gerolf Steiner als Vorlage zu seiner scherzhaften, wissenschaftlichen Abhandlung über die (fiktiven) Rhinogradentia. Und Loriot inspirierte es zu seiner Steinlaus.

Aber warum macht Morgenstern so etwas? Ein Tier erfinden? Ich vermute: Er hat das Einhorn vermisst. Denn sein Einhorn-Gedicht liest sich wie ein Nachruf:

> *DAS EINHORN*
> *Das Einhorn lebt von Ort zu Ort*
> *nur noch als Wirtshaus fort.*
> *Man geht hinein zur Abendstund*
> *und sitzt den Stammtisch rund.*
> *Wer weiß! Nach Jahr und Tag sind wir*
> *auch ganz wie jenes Tier*
> *Hotels nur noch, darin man speist –*
> *(so völlig wurden wir zu Geist.)*
> *Im »Goldnen Menschen« sitzt man dann*
> *und sagt sein Solo an …*

Detox

In Zeiten, in denen gekrönte Häupter einen Vorkoster brauchten, um einem Giftanschlag vorzubeugen, war das Einhorn mit seiner antitoxischen Wirkung lebensrettend. An königlichen Tafeln zählten Einhorn-Utensilien zum beliebten Tafelaccessoire. Ob als Becher oder als Besteck – Einhorn-Horn neutralisierte Gifte, oder es zeigte an, ob einer Speise eine tödliche Substanz beigemengt worden war.

Im Italien der Renaissance bevorzugte man Einhorn-Gabeln. Sie fingen an zu schwitzen, wenn sie Gifte berührten. Oder waren es die angstnassen Hände einer hochnäsigen Durchlaucht, die angesichts üppiger Tafeln und hungernder Untertanen das schlechte Gewissen plagte? Man kann es nicht ausschließen …

Karl der Kühne besaß ein Stück des kostbaren Giftdetektors, das er während des Essens immer neben sich legte. Am französischen Hof war es bis zur Revolution üblich, die königlichen Speisen mit Bestecken aus Einhorn-Horn vorzulegen. Wer sich das sündhaft teure

Einhorn-Elfenbein nicht leisten konnte, verzierte seinen Tafelschmuck mit Abbildungen des Einhorns. Denn es galt als so kraftvoll, dass es auch als Abbild wirkte – so wie man es orthodoxen Ikonen nachsagt. Die Silberkammern von Petersburg und Moskau sind voll mit solchen Detox-Tafeldekorationen.

Das Wissen um die entgiftende Wirkung von Einhorn geht bis auf Ktesias von Knidos zurück, eine Einhorn-Koryphäe von Rang. Immerhin war er Leibarzt des persischen Königs, der knapp hundert Jahre alt wurde. Das war auch Ktesias' Verdienst. Wem, wenn nicht ihm, konnte man trauen?

Hildegard von Bingen empfahl, Speisen, die man auf todbringende Wirkung hin überprüfen wollte, auf den Huf eines Einhorns zu stellen. Sie sagt: »Sind Speise und Trank vergiftet und sind sie warm, so lässt der Huf sie in dem Gefäß wallen, sind sie kalt, so lässt er sie dampfen.« Klingt absurd. Doch neuste Forschungen geben dem Detox-Glauben zumindest in einem Punkt recht. Die im Horn des XXL-Einhorns Nashorn enthaltenden Keratine können Formaldehyd neutralisieren. Zum Glück für das bedrohte XXL-Einhorn sind diese Substanzen in den Hörnern aller Tiere enthalten.

Digital Natives

Was für die Nerds der Neunzigerjahre Bielefeld war, ist für die Generation Social Media das Einhorn, allerdings mit gegenläufigem Existenzbeweis. Bielefeld gibt es nicht, das Einhorn schon. Glauben Sie nicht? Das Einhorn galoppiert durch Blogs, trabt durch Suchmaschinen und gibt sich in Emoticons zu erkennen. Es manifestiert sich als Einhorn-Beispiel in der mathematisch-logischen Grundlagenforschung und grast die selbst angelegten bioorganischen Mitarbeiter-Gemüsegärten der Social-Media-Giganten ab.

Die Existenz des Einhorns wird

in der Berufswelt 2.0 so wenig angezweifelt, dass auf der Berliner Bloggermesse re:publica die IT-Spezialistin Jessica S. Marquis einen Vortrag über die Zucht von Einhörnern hielt – auf der Haupttribüne. Froh ist, wer bei ihren überfüllten Vorträgen, noch einen Platz bekommt. Alle anderen lesen ihr Buch »Meine kleine Einhornfarm«, das glücklicherweise ins Deutsche übersetzt wurde und viele praktische Tipps zu Einhornzucht und -pflege enthält.

Donald Duck

Pechvogel Donald Duck ist einer der wenigen Glücklichen, die jemals ein echtes Einhorn gesehen haben. In der Geschichte »Die Jagd auf das Einhorn« (1949) von Kultzeichner Carl Barks erhält der prekär beschäftigte Loser den Auftrag, für den Privatzoo seines steinreichen Onkels Dagobert das letzte lebende Einhorn einzufangen.

Der Geizhals lässt zehntausend Taler plus Spesen springen. Da lässt sich Donald nicht lange bitten, obwohl er nicht an die Existenz von Einhörnern glaubt. Sein Vetter Gustav Gans ist ebenfalls scharf auf den Auftrag und folgt Donald nach Shangri-Lala am Fuße des indischen Himalayas. Dort verkauft er, als Fakir verkleidet, dem leichtgläubigen Donald ein Pferd mit Papphorn. Doch Donalds Neffen Tick, Trick und Track decken den Schwindel auf.

Auf sechstausend Meter Höhe entdecken Donald und seine Neffen ein Einhorn, das sie wutschnaubend angreift und dann flieht. Wie zu erwarten, gelingt es nicht Donald, sondern dem ewigen Glückspilz Gustav Gans, das Tier zu fangen, es dem Onkel zu überbringen und den satten Lohn dafür zu kassieren.

Die glücklosen Ducks hingegen verdingen sich für die Rückfahrt als Leichtmatrosen auf einem Viehlaster. Als sie Wochen später Entenhausen erreichen, lesen sie in den

Zeitungen, dass das Einhorn jegliche Nahrung verweigert und langsam verendet. Dagobert hat eine Belohnung von zwei Millionen Taler für denjenigen ausgesetzt, der das Tier rettet. Diesmal sind die Ducks am Zug. Das Einhorn frisst nämlich nur Himalayamoos, und Neffe Tick hat sich etwas davon als Souvenir mitgenommen.

Im Schlussbild überholen die vier Ducks den überraschten Gustav Gans mit einer Stretchlimousine, die doppelt so lang ist wie dessen Luxusauto. Jubel! Freu! Klatsch!

Dschingis Khan

Obwohl der erste und berühmteste aller mongolischen Großherrscher durch diplomatisches Geschick und grausame Feldzüge ein Weltreich erschuf, das vom Gelben Meer im Osten bis zum Kaspischen Meer im Westen, von der Monoglei im Norden und bis Afghanistan im Süden reichte, gelang es ihm nie, Indien einzunehmen.

Hatte er kein Interesse daran? Bei seinem Eroberungsdrang ist das kaum zu glauben. Forscher führen den Himalaya als Hinderungsgrund an. Der unüberwindliche Gebirgszug war eine natürliche Grenze gegen Invasoren aus dem Norden. Die Legende aber legt einen anderen Grund nahe. Der Kaiser war schon im Begriff, Indien anzugreifen, als ihm ein Einhorn gegenübertrat. Sein Minister Yelü Chucai schildert die Begegnung so: »Es war ein gehörntes Tier mit einem Körper wie ein Reh, aber mit einem Pferdeschwanz und grüner Farbe, das mich, den kaiserlichen Leibwächter, in der menschlichen Rede anredete: Dein Herr sollte so bald wie möglich nach Hause zurückkehren!«

Das Tier war fähig, alle Sprachen der Welt zu sprechen, und setzte diese Fertigkeit als Friedensstifter ein. Yelü Chucai erzählt, wie er die Mission des friedliebenden Einhorns an seinen Herrscher verkauft hat: »Ich sagte ihm, es war ein Tier, das das Leben liebt und jegliches Blutvergießen verabscheut. Es war kein böses, sondern vielmehr ein glückliches Omen, Himmel, um Eure Majestät zu warnen. Ihr, Herr, seid der älteste Sohn des Himmels, und alle Menschen unter dem Himmel sind Eure Kinder, betet Ihr den Willen des Himmels an und bewahrt Ihr das Leben der Menschen.« Noch in derselben Stunde zog Dschingis Khan seine Horden ab.

Historiker schätzen, dass sich der Vorfall tatsächlich ereignet hat. Allerdings sei der Mongolen-Kaiser nicht, wie von seinem Leibwächter verbreitet, einem rehgleichen Tier begegnet, sondern einem stämmigen indischen Panzernashornbullen (Rhinoceros unicornis) mit zwei Meter Schulterhöhe und drei Tonnen Lebendgewicht – da wäre der stärkste Mann abgehauen.

Ein Glück für den Großkhan, dass sein Minister die peinliche Flucht des Kaisers zu einer possierlichen Friedensstory verbrämte. Dschingis Khans Ruf blieb unbeschädigt. Ebenso wie das sagenhafte Indien, das von der marodierenden, mongolischen Armee verschont wurde. Und im Gegensatz zu den Völkern Südasiens, die er stattdessen überrannte. Ihnen kam kein Minister zu Hilfe. Und auch kein Einhorn.

Duft

Wonach riechen Einhörner? Nach Heu, Stroh, Stall, Leder, Fett und Mist? Wohl kaum. Ein Einhorn ist weder Pferd noch Ziege, auch wenn es Züge dieser Tiere trägt. Es ist ein Fabelwesen, und seine olfaktorischen Reize berühren deutlich höhere Sphären. Aber welche? Riechen sie nach dem kristallklaren Wasser von Silberseen? Nach dem Morgentau des Immergrünen Waldes? Nach der Unberührtheit des Paradieses oder nach einem kühnen Ritt über den Regenbogen? Nach Sternenstaub, der auf der Haut

prickelt? Nichts von alledem. Einhörner riechen nach einem Tanz der Moleküle. Genauer: nach Ethylmaltol und Vanillin und einer Prise Ethyl-Methylpenylglyciat. Glauben Sie nicht? Dann schnuppern sie mal in eine Packung Einhorn-Marshmallows hinein! Auch wenn Ethylmaltol und Ethyl-Methylpenylglyciat so wenig magisch klingen wie das Periodensystem, sind doch genau diese Substanzen die chemische Formel für zarte Kinderträume, für erste abenteuerliche Ausflüge, für bunte Lichter und Sehnsuchtsorte vergangener Tage. Einhörner riechen nämlich nach Zuckerwatte mit Erdbeergeschmack.

E

Einhorn-Kunde

Einhorn-Kunde ist kein schrilles Nerd-Ding, sondern ein knallhartes Prüfungsfach im »Harry-Potter«-Kosmos. Wer durchfällt, muss nachsitzen. Sie behandelt Aufzucht, Pflege, Fähigkeiten, Eigenschaften, Vorkommen sowie medizinische und magische Wirkung von Einhörnern. Das Standardwerk dazu heißt »Phantastische Tierwesen und wo sie zu finden sind« und stammt von Newt Scamander.

Doch so wichtig die theoretischen Kenntnisse für das Zauberer-Abi auf Hogwarts auch sind, wesentlich wichtiger sind die praktischen Übungen für das spätere Magierleben – denn wer nicht im Umgang mit Einhörnern langjährig geschult wurde, setzt sich großen Gefahren aus. Einhörner sind wild und angriffslustig. Die Schul-

leitung ist sich dessen bewusst. Deshalb ist das Fach »Pflege magischer Geschöpfe« ab dem vierten Schuljahr Pflicht. Allerdings können sich nur Jungfrauen den Einhörnern ohne Gefahr nähern, und keine Frage: Mädchen haben hier einen unschlagbaren Vorteil. Praktische Einhorn-Kunde ist das absolute Lieblingsfach jeder Zauberschülerin. Professorin Wilhelmina Raue-Pritsche, eine anerkannte Expertin auf diesem Gebiet, steht vor der schwierigen Aufgabe, diesen Stoff zu vermitteln. Ein Zeichen ihres großen Einhorn-Wissens ist, dass sie mit den praktischen Übungen zu einem Zeitpunkt beginnt, an dem eine sexuelle Reife bei den Schülerinnen weitestgehend ausgeschlossen werden kann.

Doch trotz ihrer Vorsichtsmaßnahmen wählt Raue-Pritsche, wenn es zur ersten Begegnung mit der magischen Spezies kommt, keine ausgewachsenen Einhörner, sondern Einhorn-Fohlen. Meist geht alles gut, und diese geben sich verspielt und zutraulich.

Dennoch atmet Raue-Pritsche jedes Mal auf, wenn die Jungs das Schauspiel nur aus der Ferne betrachten – und sich nicht gegenseitig zu lebensgefährlichen Mutproben anstacheln. Darauf einen Einhorn-Schnaps!

Einhorn-Sprache

Schafe blöken, Ziegen meckern, Hirsche röhren, Pferde wiehern. Aber welche Sprache spricht das Einhorn? Da es von allen Tieren etwas hat, könnte man annehmen, dass es sich in einer Kakophonie aus Blöken, Wiehern, Meckern und Röhren äußert. In Einhorn-Foren ist man sich jedoch einig: Es verständigt sich mit einem glockenhellen Wiehern, das dunkle Mächte vertreibt. Aber das sind ungesicherte Fakten. Hören wir dazu Donald Duck, der auf der Suche nach einem Einhorn in einem dunklen Stall ein schnaubendes Tier hört, und sagt: »Da ist ein Pferd drin oder ein Einhorn, falls Einhörner wiehern. Wer weiß das schon!«

Emoticon

Hier in Deutschland schreiben wir mit lateinischen Schriftzeichen. Das ist für uns normal. Aber anderswo in der Welt, schreibt man in einem anderen Schriftsystem. Kyrillisch, Chinesisch, Thailändisch. 1988 kam ein Mitarbeiter der Kopiererfirma Xerox auf die Idee, alle Schriftzeichen dieser Welt in einem einheitlichen Code zusammenzufassen, damit die Sprachbarrieren zwischen den Kulturen überwunden werden. Er nannte es »Unicode«. Alle paar Monate wird dieser Code ergänzt und erweitert. Das Projekt ist auf die Unendlichkeit angelegt. Deshalb ist das Team nun auch riesengroß. Es wurden ägyptische Hieroglyphen erfasst und das Währungszeichen der türkischen Lira, die persische Keilschrift und die Notenschrift. Von besonderer Bedeutung ist die Version 8.0, die erstmals im

Juni 2015 veröffentlicht wurde: Neben den Kleinbuchstaben des Cherokee-Alphabets und der Gebärdenschrift wurde auch das Einhorn-Emoji erfasst. Sein Code lautet U+F1984. Es wird beschrieben als »mythische Kreatur, die gemeinhin als weißes Pferd mit einem Horn dargestellt wird«. Google und Co. übernahmen das Zeichen noch im gleichen Jahr in ihren Emojis. Seitdem kann man seine WhatsApp-Nachrichten von Einhörnern eskortieren lassen. Und was bedeutet das, wenn man ein Einhorn verschickt? Leichtigkeit, Lebenslust, Magie, ein Kompliment (»Du bist besonders.«) und eine nicht geringe Portion Verspieltheit. Und vor allem: Nimm die Dinge nicht so genau! Fantasie und Realität kann man ohnehin nicht unterscheiden.

Ende der Welt, Das

Das Ende der Welt ist ein Ort ohne Schatten, ohne Leidenschaften, ohne Ego, ohne Zeit, Willen, Seele und Erinnerung.

Dafür aber ein Ort mit Hunderten und Tausenden von Einhörnern. Ihr Fell gleicht dem sagenhaften goldenen Vlies, und jeden Abend versammeln sie sich auf das Signal eines Horns hin und traben gleichförmig in dieselbe Richtung. Ein überwältigendes Schauspiel. Was, wenn nicht gleich eine Herde goldener Einhörner, hätte Haruki Murakami dem Ich-Erzähler in seinem Roman »Hard-boiled Wonderland und das Ende der Welt« denn sonst im Tausch gegen jegliche Individualität bieten können? Nichts! Es verwundert deshalb nicht, dass der Held – Achtung, Spoiler! – die Verbannung an diesen scheinbar emotionslosen Ort annimmt.

Worum geht es in Murakamis Roman, der als sein bester gilt? In einem futuristischen Tokio herrscht ein Datenkrieg zwischen dem »System« und der »Fabrik«. Ein Professor kommt auf die Idee, Menschen als Codierungs-Cloud zu benutzen. Er pflanzt ihnen einen Chip ein.

Das Experiment aber überlebt nur Murakamis Held. Ein sogenannter Kalkulator, der dem System dient.

Er ist nun, ohne es selbst zu wissen, eine menschliche Datenverschlüsselungsmaschine, die den Quellcode zur Schöpfung in sich trägt, hinter dem folglich alle her sind – System, Fabrik und neue Bösewichte, die beide Fronten auszuspielen versuchen. Doch in einem unbewussten Akt des Selbstschutzes hat er einen Teil seiner Persönlichkeit abgespalten. Dieser Teil hat sogar einen eigenen Namen: das Ende der Welt. Es ist Zufluchtsort und letztes Refugium zugleich. Und die Heimat der Einhörner.

Der Roman springt zwischen den beiden Erzählebenen des bewusst-bedrohlichen Hard-boiled Wonderlands und des unbewusst und totenruhigen Endes der Welt hin und her. Eine Verbindung gibt es nur durch die Einhörner. Denn was im Wonderland geträumt wird, wird am Ende der Welt, seltsam genug, in Einhornschädeln gespeichert.

Einhörner als Blackbox für unsere Sehnsüchte! Ein treffenderes Bild hätte Murakami wohl kaum finden können als dieses Tier, das existieren muss, weil wir es so unbedingt wollen. Und dann gleich Hunderte und Tausende Mal.

Erziehungsmethode, Unlautere

Zu Omas Zeiten war es noch üblich, Kinder, wie es damals euphemistisch hieß, zu züchtigen, wenn sie nicht gehorchten. Das bedeutete, sie bekamen eine Tracht Prügel. Zur Schulzeit der darauffolgenden Generation musste man sich, war man nicht brav, in die Ecke des Klassenzimmers stellen, und wenn das nicht wirkte, gab es einen sogenannten »Klaps«, auch das ein Euphemismus. Denn Schläge sind Schläge. Heutzutage, da das Gesetz Kindern glücklicherweise eine gewaltfreie Erziehung garantiert, müssen Eltern auf subtilere Methoden zurückgreifen. Eine davon ist die Einhorn-Strategie. Wenn Kinder nicht essen, aufräumen, zuhören, stillsitzen, wenn sie zu viel Kuchen naschen, sich nicht anschnallen, sich nicht die Zähne putzen oder was auch immer nicht machen, was Kinder eben nicht machen, ohne dass man es ihnen tausendmal sagt, versucht man es mit ein bisschen Drama und Weltuntergang: »Mach das! Sonst stirbt ein Einhorn.« Das ist sehr viel freundlicher, und, wichtig für Eltern zu wissen, es hilft. Regenbogen-Erziehung statt schwarzer Pädagogik.

Esoterik

Wer sein Seelenheil noch bei Klangschalen, Schwitzhütten, Chakra-Massagen, Engelskarten, Schamanen oder Edelstein-Meditation sucht, hat ganz klar den Trend verpennt. Denn das Lala-Land der Esoterik wurde von Einhörnern förmlich überrannt. Jeden Winkel der vielfältigen Szene hat das magische Fabeltier erobert. Es gibt Einhorn-Selbsthilfe-bücher, Einhorn-Talismane, Einhorn-Räucherstäbchen, Einhorn-Orakel, Einhorn-Traumfänger, Einhorn-Musik, Einhorn-Glückskekse, magische Einhorn-Kelche.

Oder Tarotkarten. Das Schicksal lassen sich heilsuchende Einhorn-Fans neuerdings mit einem Einhorn-Deck von Suzanne Star und Liz Hilton vorhersagen. Zur Karte »Die Sonne« etwa heißt es: »Das bezaubernde weiße Einhorn, das Symbol der Reinheit und Geistigkeit, steht stolz auf einer Bergspitze und blickt auf den hellen Sonnenschein, der Erfüllung und Erfolg bedeutet.« An anderer Stelle, genauer bei der Karte »Der Stern«, versinnbildlicht es den reinen Körper und die reine Seele.

Der Sektor der Aura-Essenzen wartet gleich mit einer ganzen Herde Einhörner auf. Sie heißen, nur um einen Eindruck zu vermitteln, »Löwenherz«, »Himmelsschutz«, »Friedensklang«, »Silberstern«. Aura-Essenzen sind unterm Strich nichts anderes als Parfüms. Sie arbeiten mit einem aroma-therapeutischen Ansatz, der mit einem Überbau an Einhorn-Philosophie erhöht wird. Das Versprechen lautet: Mit Einhorn-Essenzen lösen sich Ängste und Blockaden, und geht es hinauf in die höheren Sphären des Seins. Melanie Missing, Erfinderin der Essenzen, sagt über Einhörner: »Sie entstammen der kraftvollsten Lichtenergie und bestehen aus reiner Liebe.«

Diana Cooper, ein weiterer Star der Szene, schreibt Bücher mit Titeln wie »Das Wunder des Einhorns«. Dort erzählt sie von ihrer Begegnung mit dem Einhorn: »Vor einem Jahr saß ich im Garten auf einem Stuhl. Plötzlich wurde mir die Anwesenheit eines Wesens in meiner Nähe bewusst, und ein wunderbares Gefühl der Stille hüllte mich ein. Es fühlte sich nicht wie ein Engel an. Unvermittelt wurde mir klar, dass es ein Einhorn sein musste.«

Die Esoterik ist Einhorn-Land. Dort wird allein in Deutschland ein Umsatz von bis zu 25 Milliarden Euro gemacht. Das entspricht ungefähr dem Bruttoinlandsprodukt von Lettland. Money counts. Wer will da von Realitätsverlust sprechen?

F

Facebook

Like, Like, Like, Like, Like,
Like, Like, Like, Like … Wenn
am 1. November auf Facebook
der Internationale Tag des Einhorns ausgerufen wird, fliegen
die Daumen gleich tausendfach
hoch. So soll es sein. Denn die
Initiatoren der offiziellen Face-
book-Seite zum Einhorn-Tag
versichern, dass mit jedem Like
ein neues Einhorn auf die virtu-
elle Welt kommt.

Sie vertreten die Auffassung,
dass Einhörner aussterben
und ihre Population wieder
anwachsen muss. Schon vor
dem Gedenktag tun die Ein-
horn-Macher deshalb alles
dafür, Einhorn-Freunde zu
mobilisieren. Sie tummeln
sich in einschlägigen Einhorn-
Foren, streuen E-Mails, laden
auf ihre Seite ein. Im Netz
läuft die Sache prima: Knapp
300 000 Facebook-Freunde ha-

ben das Einhorn per Mausklick
schon wiederbelebt. Jedes Jahr
werden es mehr.

Manche Einhorn-Freunde
spammen am großen Jubi-
läumstag die Pinnwand der
offiziellen Gastgeber-Seite
lediglich mit Einhorn-Emo-
ticons voll. Andere dehnen
die Feier aber auch auf ihren
Alltag aus. Brad aus Kalifornien
schreibt: »Ich gehe heute mit
meinem Einhorn baden« – und
zeigt ein Selfie, auf dem er
mit einer aufblasbaren Ein-
horn-Schwimminsel zu sehen
ist. Und Malika, eine junge
Mutter aus Ägypten, postet
stolz ihre regenbogenbunte
Torte mit einer Einhorn-Kerze:
»DIE habe ich heute für meine
Tochter gebacken. Sie ist am
Tag des Einhorns geboren. Das
muss doppelt gefeiert werden.«
Und auch dafür gibt es wieder
reichlich Likes – welch ein
schöner Tag.

Flatulenzen

Wo andere ein faules Düftei
legen, platzt Einhörnern ein

Regenbogenspektrum aus dem Arsch. Das hat seine Vorteile: Es ist bunt, und es riecht nicht. Und es nimmt jeder Einhorn-Prinzessin die Scham vor den eigenen Gerüchen. So wie ein Freundschaftsbeweis aus der Generation meiner Oma lautet: »Alle Menschen riechen nach Scheiße, nur wir beide nach Veilchen.«

Fohlen

Wir wissen wenig über die Kindheit des Einhorns. Denn meist lernen wir es erst kennen, wenn es schon ausgewachsen ist. Ist es verspielt wie die Kinder der Einhörnchen, einer seiner entfernten Verwandten? Oder fremdelt es, wie Menschenskinder es tun, wenn sie neuen Menschen begegnen? Oder durchleben sie gar keine Geburt, sondern werden von himmlischem Atem voller Glitzerstaub belebt?

Es gibt tatsächlich nur wenige Zeugnisse, die die Existenz von Einhorn-Fohlen überhaupt bestätigen. Einmal werden sie in »Harry Potter und der Feuerkelch« erwähnt. Dort sehen die Schüler zwei Einhorn-Fohlen, die sich sehr zutraulich geben. Hier findet sich auch ein Hinweis darauf, dass ihr Fell zunächst gold-, dann silberfarben glänzt und erst, wenn sie ausgewachsen sind, den opalen Schimmer des Mondlichtes annimmt.

Eine zuverlässigere Quelle finden wir bei Ktesias von Knidos, die auch zeigt, dass Einhorn-Mamas echte Helikopter-Mütter sind. In seiner »Indika« (ca. 398 v. Chr.) heißt es: »Wenn sie (die Einhörner) aber ihre Jungen auf die Weide führen und von vielen Reitern umzingelt werden, so fliehen sie nicht und lassen ihre Jungen im Stich, sondern sie wehren sich durch Stoßen mit Hörnern und Füßen und durch Beißen mit den Zähnen …«

Auch der Römer Claudius Aelianus schreibt in seinen Tiergeschichten »De natura animalium«, die um das Jahr 200 nach Christus entstanden sind, darüber, wie kämpferisch Einhörner ihre Fohlen schützen: »Wenn das Weibchen gebiert und ihr neugeborenes Füllen herumführt, so bewachen die Männchen sie mit … Wenn die Indier sie zu jagen versuchen, so lassen sie ihre noch schwachen und jungen Füllen in ihrem Hinterland weiden, während sie selbst an ihrer Stelle kämpfen und die Schlacht mit den Reitern suchen, die sie mit ihrem Horn angreifen.« Einhörner wachsen also mit der vollen Wucht elterlicher Zuwendung und Liebe auf. Man muss kein Psychologe sein, um zu wissen, dass das die Grundpfeiler für ein gesundes Selbstbewusstsein, Stärke und Liebenswürdigkeit sind.

Frankenstein

Frankenstein schuf ein Monster, Dr. Franklin Dove ein echtes Einhorn. In der Einöde von Maine widmete er sich fragwürdigen Experimenten und transplantierte, brannte und zersägte die Hörner von Ziegen und Kühen, um hinter das Geheimnis des Einhorns zu kommen. Schließlich löste er das Rätsel: Er stellte fest, dass das Einhorn-Horn nicht aus dem Schädelknochen herauswächst, sondern dass eine Hornknospe wie eine Blume in den Schädel hineinwächst und sich dort verwurzelt. Seine Obsession gipfelte in der These: Einhörner sind möglich.

Am 19. März 1933 war es endlich soweit. Der Einhorn-Frankenstein verpflanzte bei einem nur einen Tag alten Kalb eines Ayrshire-Stiers die Hornknospen, die zu diesem Zeitpunkt noch nicht mit dem Schädel verbunden sind, auf die Mitte der Stirn. Nach zwei Jahren war klar: Die Hornknospen wuchsen zusammen! Mehr noch, sie bildeten ein kräftiges, etwa dreißig Zentimeter langes Horn, das aus der Mitte der Stirn nach oben ragte und, wie der Einhorn-Freak in einem Artikel für die »Scientific Monthly« (1936) schwärmt, »anmutig die Krümmung des Nackens und des Rückens nachzieht, wenn sich das Tier aufrichtet«.

Das Horn veränderte auch den Charakter des Tieres. Es wurde innerhalb der Herde sofort als Anführer anerkannt und nur sehr selten in Kämpfe um Rang und Damen verwickelt. Dr. Frankenstein, ähm, Dr. Franklin Dove wunderte das gar nicht: Da es Ziel der Rangkämpfe ist, die Schädelplatte des Rivalen zu zertrümmern, wollte keiner der potenziellen Rivalen des Einhorns sein Leben riskieren. Seine Stärke wirkte sich auch auf das Temperament der Kreatur aus. Angesichts der Gewissheit, dass er der King im Ring war, verwandelte sich das wilde Tier – ganz so, wie die Natur des Einhorns beschrieben wird – in ein sanftes und gutmütiges Wesen, welches sich ohne Anstalten an dem Nasenring, den ihm Dr. Dove angebracht hatte, durch die Arena führen ließ.

Fregatte, Alte

Die HMS Unicorn von 1824 ist eines der ältesten Segelkriegsschiffe der Royal Navy. Sie ist circa 45 Meter lang und zwölf Meter breit und zählt zu einer Klasse Kriegsschiffe, die als

die erfolgreichste ihrer Zeit galt. Die Fregatte konnte mit 48 schweren Kanonen ausgestattet werden.

Eine Schlagkraft, die nie zum Einsatz kam. Denn schon kurz nach dem Stapellauf galt die HMS Unicorn als veraltet und wurde auf Kiel gelegt. Die Fregatte diente als Lagerraum für Schießpulver und als Trainingsschiff für Kadetten. Sie ist niemals gesegelt, wurde niemals aufgetakelt und niemals ausgerüstet.

Ein Nachteil, der ihr heute zum Vorteil wird. Sie gehört zu einem der am besten im Originalzustand erhaltenen historischen Kriegsschiffe und dient nun als Museum, um dessen Erhalt sich eine Stiftung kümmert. Schirmherrin ist keine Geringere als Prinzessin Anne, die Schwester von Prinz Charles.

Die HMS Unicorn liegt im Victoria-Hafen im schottischen Dundee. Besuchern, die vom Hafen aus auf den Bug des Schiffes zulaufen, springt eine Galionsfigur in Form eines weißen Einhorns mit goldenem Horn entgegen.

Friedrich von Schiller

Als der deutsche Dichter und Denker 1802 geadelt wurde, wählte er für sein Wappen ein Einhorn. Und das nicht, weil er promovierter Arzt war und das Einhorn wegen seiner magischen Heilkräfte als Schutztier der Ärzte und Apotheker galt. Sondern weil das namensähnliche Breisgauer Adelsgeschlecht Schiller von Herdern ebenfalls ein Einhorn im Wappen führte. Schiller handelte getreu nach der Devise: Wo Schiller drinsteckt, muss ein Einhorn draufstehen.

Frohmacher

Hildegard von Bingen, die coolste Frau Doktor des Mittelalters, hat nicht nur die Heilkunde ihrer Zeit revolutioniert, sie hat auch dicke Bücher über Ernährung verfasst. Sie schreibt, dass manche Nahrungsmittel glücklich machen, andere nicht. Die, die glücklich machen, nennt sie Frohmacher, die, die unglücklich machen, Küchengifte.

Der frohmachendste aller Frohmacher ist das Einhorn. Egal, ob als Pulver oder Tropfen, ob Huf, Horn oder Leber. Der Wirkstoff des magischen Tiers kann selbst die bösen Kräfte der Küchengifte neutralisieren. Mehr noch, es kann die bösen Kräfte in positive Energie umwandeln.

Zu den Küchengiften zählen bei Hildegard Lauch und Linsen, Rohkost und Olivenöl. Und leider auch Erdbeeren. All diese Lebensmittel bringen Körper, Geist und Seele durcheinander und machen auf Dauer krank. Dem aber lässt sich mit Frohmachern entgegenwirken. Zum Glück gibt es außer Einhorn auch noch andere Frohmacher, von denen, ginge es nach Hildegard, so viele wie möglich auf dem Speiseplan auftauchen sollten. Dazu zählen etwa Dinkel, Mandeln, Fenchel, Zimt und Diamantwasser. Und morgens ein warmes Frühstück – denn

nicht nur das Was, sondern auch das Wie spielt bei ihr eine Rolle. Und warm ist bei Hildegard gut. Dinkel-Porridge mit warmer Milch und Mandelsplittern verspricht schon einmal einen guten Start in den Tag. Und wenn Sie Porridge noch vom Englandschüleraustausch mit Grauen in Erinnerung haben, dann rate ich, mit etwas Einhorn zu würzen! Das schmeckt. Und glücklich macht es auch. Sagt Hildegard.

Fruchtbarkeitsgöttin

Es gilt bei Altphilologen und -historikern als gesetzt, dass das Einhorn keinen Stellenwert in den Mythen der römischen und griechischen Antike hatte. Aber da irren die Herren. Denn ein Einhorn wäre kein Einhorn, hätte es sich nicht doch Zugang zur klassischen Götterwelt verschafft. Es ist sogar an den härtesten Türstehern Griechenlands vorbeigekommen – den Hohepriestern des Artemis-Tempels in Ephesos. Das ist bei weitem nicht jedem gelungen. Arsinoë etwa, Cleopatras jüngere und rebellische Schwester, wurde auf den Stufen zum Tempel ermordet! Da war das Einhorn schlauer.

Aber von vorne: Der Artemis-Tempel wurde im 6. Jahrhundert vor Christus von König Krösus – das ist der Superreiche aus dem Sprichwort – in Auftrag gegeben. Er wollte sich bei den zwölf Hauptgöttern des Olymps einschleimen, zu denen auch Artemis zählte.

Artemis ist die Tochter des Hauptgottes Zeus. Sie ist die Göttin der Jagd und des Waldes und Hüterin der Frauen und Kinder. Sie ist quasi die Umwelt- und Familienministerin der klassischen Antike. Die Römer nannten sie Diana und fanden sie so klasse, dass sie sie auch anbeteten.

Im Inneren des Tempels, der nach 120 Jahren Bauzeit zu den sieben Weltwundern der Antike zählte, stand eine über drei Meter hohe Kolossalstatue der Artemis-Diana. Sie trägt einen üppigen Halsschmuck aus achtzehn Beuteln, die aussehen wie achtzehn Brüste, was Artemis' Aufgabe als Fruchtbarkeitsgöttin durchaus gerecht wird. Auffällig ist ihr Kleid. Es ist mit allerlei Getier verziert. Man findet Abbildungen der Tierkreiszeichen, die die Zyklen der Natur symbolisieren, aber auch Schlangen, Drachen, Greife und ein pferdeähnliches Tier, dem zwischen zwei aufgerichteten Ohren ein Horn aus der Stirn wächst: unser Einhorn.

Die Statue war ursprünglich aus Holz und ging in Flammen auf, als Herostratos am 21. Juli 356 v. Chr. aus reiner Geltungssucht den Tempel in Brand steckte. Glücklicherweise gab es mehrere Kopien aus Marmor. Deshalb wissen wir heute: Das Einhorn war da. Und es war seiner Herrscherin Artemis-Diana wohlbekannt.

Fünf Sinne

Wer von der Kathedrale Notre Dame die Rue Saint-Jacques in Richtung Sorbonne läuft, dann aber nach rechts in den Boulevard Saint Germain einbiegt, erblickt eine der erstaunlichsten Sehenswürdigkeiten von Paris. Das Hôtel de Cluny, ein Gebäude im düsteren Gothic-Stil, das auf den Mauerresten einer römischen Therme aufgebaut wurde und heute das Mittelaltermuseum Musée nationale du Moyen Âge beherbergt. Das Gebäude allein ist eine Reise wert, die meisten Besucher aber führt eine andere Attraktion hierher: der sechsteilige Millefleurs-Wandteppichzyklus »Dame mit dem Einhorn«, der wohl im ausgehenden 15. Jahrhundert in Flandern entstanden ist.

Fünf der Teppiche stellen unsere fünf Sinne dar: Im »Geschmack« reicht eine Dienerin ihrer Herrin eine Schale mit Leckereien an. Das Einhorn steigt neben ihr auf wie ein Lipizzaner und umfasst eine wehende Standarte, während es den Betrachter direkt anblickt – als hätte ein Paparazzo es mit der Kamera abgeschossen. Im »Gehör« zupfen die Dame und

ihre Bedienstete an einer Orgel. Das Einhorn liegt zu ihren Füßen und lauscht der Musik. Im »Sehen« legt das Einhorn der Dame die Beine in den Schoss und reckt sich hoch, um in den Spiegel zu sehen, den sie ihm hinhält. Im Spiegel sehen wir das Spiegelbild des Einhorns. Im »Geruch« flicht die Dame einen Blütenkranz, während das Einhorn aufsteigt und den Geruch wittert. In der »Berührung« umschließt die Dame das Einhorn-Horn mit ihrer linken Hand. Der sechste Teppich zeigt die Dame, ihre Dienerin und das Einhorn vor einem blauen Zelt, über dessen Eingang der Schriftzug »Mon seul désir« hängt. »Mein einziges Begehren«.

In welchem Zusammenhang steht der sechste Teppich, der so völlig aus dem Rahmen fällt, zu den fünfen davor? Darüber haben sich Generationen von faszinierten Betrachtern den Kopf zerbrochen. Eine Deutung ist, dass alle fünf Sinne in dem sechsten, dem »Begehren«, münden. Eine kühne und verwegene Auslegung, die jedoch durch das Bildnis der »Berührung« untermauert wird. Denn die Art, wie die Dame das Horn des Einhorns umschließt, geht weit über die Poesie mittelalterlicher Darstellung höfischer Liebe hinaus. Es ist sinnlich. Das Horn des Einhorns, ein Phallussymbol. Hier in einer zärtlichen Allegorie verkleidet. Das Rätsel der Bedeutung wird noch durch das Geheimnis seiner Entstehung übertroffen. Woher stammen die Wandteppiche? Wer hat sie in Auftrag gegeben? Und warum? Das Wappen auf den Standarten deutet auf die Familie Le Viste hin.

Bedenkt man den Zeitpunkt der Entstehung, kann man Jean IV. Le Viste aus Lyon, einen Neuadeligen, der dem französischen Finanzgerichtshof vorstand, als Auftraggeber eingrenzen. Waren die Teppiche ein Verlobungs- oder Hochzeitsgeschenk? Sprachen sie von der sinnlichen Form der Liebe?

Wollte Le Viste mit ihnen um eine Frau werben? Alles möglich. Im »Begehren« nämlich öffnet die Dame eine Schatztruhe, die als Mitgift gedeutet werden kann.

Aber das alles sind Vermutungen, wir wissen es nicht. Wir wissen nur, dass die Kostbarkeit der Teppiche heute noch wirkt. Natürlich wegen des Einhorns.

Fußball

Im Norden Frankreichs am pittoresken Flusslauf der Somme liegt die historische Stadt Amiens. Schon zur Zeit Julius Caesars zog das hiesige Amphitheater die Bevölkerung aus der Region magisch an. Seit dem 13. Jahrhundert gilt die Kathedrale von Amiens als Anziehungspunkt. Sie ist der größte Sakralbau Frankreichs.

Die gleiche Attraktivität wie das Theater besitzt heute das Stadion des Fußballclubs von Amiens: Das »Stadion de Licorne«, das Einhornstadion. Es heißt nicht ohne Grund so. Denn Hausheer ist der Fußball-

club Amiens SC, der seit seiner Gründung 1901 auf die doppelte Kraft des Einhorns setzt. Statt zwei aufeinander losstürmende rote Bullen verleiht den Spielern doppelte Einhorn-Power Flügel. Im Vereinswappen stehen sich die Fabeltiere stolz gegenüber. Das Wappentier garantiert Erfolg. Seit 2017 spielt der Nordverein in der Ersten Liga der Franzosen.

G

Der Einhorn-Thron des Dänen-
königs Friedrich III. hatte für
ihn die gleiche Bedeutung wie
Schloss Versailles für den Sonnenkönig Ludwig XIV. – beides
sind Symbole eines uneinge-
schränkten Machtanspruchs!
Wie bei seinem Kollegen in
Frankreich waren die ersten
Jahre von Friedrichs Regent-
schaft vom Hochadel bedroht,
der sich selbst auf den Thron
putschen wollte. Friedrich war
als dritter Sohn seines Vaters
nur durch den Tod seiner
älteren Brüder Kronprinz geworden. Dennoch war es nicht
selbstverständlich, dass auch er
das Zepter in der Hand halten
würde. In Dänemark herrschte
eine Wahlmonarchie, ein
Reichsrat aus Adel, Klerus und
Bürgern wählte den König. Besonders der Adel war gar nicht
begeistert von dem jungen
Kandidaten. Erst nach zähen
Verhandlungen und herben
Zugeständnissen beugten sie
im Jahre 1648 vor ihm das Knie.
Friedrich hat sich ihr Zögern
gemerkt. Als Erstes feuerte er
die eingeschworene Clique
um seine Schwiegermutter,
die sich auf Kosten der Krone
bereicherte und durchsoff.
Dann zettelte er einen Krieg
gegen Schweden an, wohin die
Kamarilla geflohen war. Als er
nach einem entscheidenden
Sieg den Reichsrat einberief,
wusste er nicht nur den treuen
Klerus hinter sich, sondern
auch die Bürger, die die Kosten
des Krieges zu tragen hatten.
Sie servierten den Adel ab, er-
klärten Friedrich zum uneinge-
schränkten Herrscher und Dänemark zu einer Erbmonarchie.
Das war 1660. Ein knappes Jahr
später wurde er darüber hinaus
zum König von Norwegen erklärt. Zur Feier seines Trium-
phes ließ sich der Sonnenkönig
des Nordens einen Thron aus
dem kostbarsten Material, das
seine Zeit kannte, anfertigen:

aus Einhorn-Horn. Nach dem Vorbild des biblischen Königs Salomon wurde der Thron von drei silbernen Löwen bewacht – eine imposante Angeberei, die auch einen praktischen Nutzen hatte: An bitterkalten Wintertagen konnten die Löwen mit Heißwasser befüllt werden und den königlichen Körper wärmen. Friedrich genoss die Vorzüge seiner Macht nur neun Jahre lang. Er starb 1670. Er begründete aber eine Dynastie, die in Norwegen hundertfünfzig Jahre und in Dänemark zweihundert Jahre herrschte. Der Thron gehört heute zum dänischen Kronschatz und ist im Kopenhagener Schloss Rosenborg zu besichtigen. Der Eintritt kostet 110 Dänische Kronen (ca. 15 Euro). Kinder zahlen nichts.

Gendefekt

Drehen wir an der Uhr. Im ersten Jahrzehnt dieses Jahrtausends verzauberte ein Rehbock aus dem Galeti-Wildpark bei Prato in der Toscana die Welt.

Er war für seine Art weder besonders grazil noch besonders großäugig. Das Außergewöhnliche an ihm war, dass ihm statt zwei Hörner nur ein Horn aus der Mitte der Stirn wuchs. Genau so, wie wir es von einem Einhorn kennen.

Das kleine Tier war der lebende Einhorn-Mythos und genauso scheu, wie man es von dieser Gattung vermutet. Denn es ließ sich kaum blicken und floh, wenn es die Nähe von Menschen witterte.

Gilberto Tozzi, der damalige Direktor des Naturwissenschaftlichen Zentrums Prato, frohlockte: »Das Tier ist sich seiner Besonderheit durchaus bewusst und zeigt sich nur selten.« Für ihn war es der Beweis, dass Einhörner existieren. Aber mit großer Wahrscheinlichkeit war es einfach nur ein Horntier mit Gendefekt.

Wer das Rehbock-Einhorn einmal sehen will, muss in den Galeti-Park fahren. Dort springt es immer noch herum. Der Park ist rund ums Jahr zu besichtigen. Erwachsene zahlen 5 Euro, Kinder 3 Euro Eintritt. www.csn.prato.it

Glitzerstaub

Einhörner und Glitzerstaub gehören zusammen wie der Peanuts-Dreckspatz Pig Pen und seine Staubwolke oder wie Jesus und sein Heiligenschein. Der Eindruck, dass Einhörner glitzern, rührt daher, dass ihr Fell die Farbe eines Opals hat. In Darstellungen ist das schwer hinzubekommen, deshalb haben sich kleine Sterne und Punkte als Accessoire animierter Einhörner etabliert.

Der Glitzerstaub ist aber nicht nur attraktiv, sondern auch ein Zeichen für die gute Laune, die das Einhorn immerzu verbreitet. Es ist ein durch und durch positives Wesen. Und seine Glitzeraura wirkt dabei wie ein Verstärker.

Globuli

Bis weit in das 19. Jahrhundert hinein glaubten die Menschen fest an die Existenz des Einhorns. Samuel Hahnemann, der Erfinder der Homöopathie, und seine Anhänger bildeten da keine Ausnahme. Sie drehten Kügelchen (lat.: globuli) und beträufelten sie mit Wirkstoffpotenzen.

Potenzen sind nichts anderes als hoch verdünnte Cocktails. Nehmen wir zum Beispiel einen Hugo. Hugo besteht grob aus Holunderblütensirup, Mineralwasser und Sekt. Der Barkeeper nimmt einen Teil Holunderblütensirup und gießt ihn mit neun Teilen eines Wasser-Sekt-Gemisches auf. Das ist natürlich ein sehr leichter Hugo, aber es geht hier ums Prinzip.

Der Apotheker macht das Gleiche mit einem Teil einer Ursubstanz und gießt diese mit neun Teilen eines Alkohol-Wasser-Gemisches auf. Heraus kommt eine sogenannte D1-Potenz. Für den nächsten Schritt nimmt er einen Teil dieser D1-Potenz und vermischt diese mit neun Teilen alkoholisiertem Wasser. Das geht hoch bis in die 1000er-Potenzen.

Wenn wir mit dem Hugo genauso verfahren würden, würde man schon bei der zweiten Wiederholung nichts vom Holunderblütensirup schmecken – wir würden uns beim Barkeeper beschweren. Nicht so bei der Homöopathie, da ist weniger mehr. Man glaubt, eine hohe Potenz wirke besser als eine niedrige. In der Praxis ist aber bereits ab einer Potenz von D6o nicht ein einziges Molekül des Urstoffes nachweisbar. Lug und Trug? Zugegebenermaßen lädt das Potenzieren, besonders zu Hahnemanns Zeiten, wo man so kostbare Substanzen wie Einhorn verarbeitet hat, zum Betrug ein. Es ist von der chemischen Warte her betrachtet nämlich schnurzpiepegal, welche Arznei in den Trägerstoffen vorhanden ist. Ist ja eh kaum etwas davon drin. Manchmal sogar gar nichts. Aber Hauptsache, man glaubt daran, dass es wirkt.

Apropos, welche Wirkung haben denn nun Einhorn-Globuli? Man sagt, sie stimmen so heiter wie ein Einhorn-Fohlen, das unbeschwert über eine frühlingsfrische Wiese springt.

Gottfried Wilhelm Leibniz

Jahrhundertfund in Quedlinburg! Der Universalgelehrte G.W. Leibniz war fasziniert von den prähistorischen Einhornknochen, die Arbeiter in einer Gipshöhle freigelegt hatten. Als vielseitig interessierter Mensch hatte er sich nicht nur der Mathematik und der Philosophie, sondern der Höhlenkunde und der Erforschung von Fossilien gewidmet.

In seinem Mitte des 18. Jahrhunderts posthum veröffentlichten Werk »Protagaea« rekonstruierte er anhand der Quedlingburger Knochenfunde das Skelett eines Einhorns und fertigte davon eine Zeichung an. Und, hoppla, es sieht etwas anders aus, als Einhörner gemeinhin aussehen: Das Leibniz-Einhorn hat zwar ein Horn, ja, das schon, aber nur zwei Vorderläufe, und sein Hinterteil wird von einem kräftigen

Schwanz gestützt. Es sieht aus, wie ein Mischung aus Dino und Einhorn und so, als ob es gar nicht möglich ist. Aber das passt ja irgendwie auch.

Gral, Heiliger

Um den englischen König Arthur und den Heiligen Gral ranken sich viele Legenden. Wolfram von Eschenbach hat den Mythos um 1200 in seinem Epos »Parzival« nach Deutschland geholt. Ein Hit bei Hofe! Und ein Longseller der deutschen Literatur.

Der Clou: Eschenbach verschiebt den Fokus von der Dreiecksgeschichte zwischen Arthur, Lancelot und Gwynefair hin zu Parzival, einem Halbwaisen, dessen ängstliche, alleinerziehende Mutter ihn bewusst von allen Härten des ritterlichen Lebens fernhält und ihn dadurch zum naiven Grobian erzieht.

Dennoch gelingt es nur Parzival, den sterbenskranken Fischerkönig Amfortas zu retten. Er ist damit der Einzige, der mehr Heilkraft aufweisen kann als das Einhorn, das hier »monicirus« genannt wird. Dessen therapeutische Wirkung hat zuvor leider mächtig versagt. Welch eine Schlappe! Lauschen wir Eschenbachs Gesängen:

daz moht uns niht gehelfen sus.
ein tier heizt monicirus:
daz erkennt der meide rein so groz,
daz ez släfet uf der meide schoz.
wir gewunn des tieres herzen über des küneges smerzen.
wir namen den karfunkelstein
uf des selben tieres hirnbein,
Der da wechset under sime horn.
wir bestrichen die wunden vorn,
und besouften den stein drinne gar:
diu wunde was et lüppec var.

Harry Potter

Genau genommen ist das Einhorn für das »Harry-Potter«-Epos das, was die schöne Helena für die »Ilias« ist – der Auslöser eines jahrelangen Krieges. Mit dem Unterschied, dass Helena entführt wurde und das Einhorn ermordet. Ein Einhorn-Mord? So etwas Brutales? In »Harry Potter«? Und ob!

Am Anfang des siebenteiligen Zyklus findet Hogwarts-Hausmeister Hagrid im Verbotenen Wald Spuren von Einhornblut. Er ist schockiert und bestürzt zugleich. Ein Sakrileg! Denn ein Einhorn zu töten ist streng verboten, derjenige, der den Geschöpfen Gewalt antut, wird hart bestraft. Nur jemand, der wirklich von Grund auf böse ist, ist überhaupt fähig, so etwas zu tun.

Hagrid ist alarmiert und holt sich Hilfe bei Harry, Hermine, Neville und Draco. Als Harry und Draco nach einer abenteuerlichen Suche das Einhorn endlich finden, ist es bereits tot. Aber sie sehen einen vermummten Schatten, der sich über das Einhorn beugt, um dessen Blut zu trinken. Als dieser Schatten die beiden Zauberlehrlinge sieht, stürzt er sich auf Harry und bedroht ihn. Harrys Narbe schmerzt, er fällt in Ohnmacht. In letzter Sekunde kann ihn ein Zentaur retten. Dieser

erklärt den Kindern, was sie gerade gesehen haben und nicht deuten können. Nur jemand, der seit Jahren tot geglaubt wurde und im Nirgendwo seine Rückkehr und sein Erstarken plant, sei verroht genug, ein solch brutales Verbrechen wie einen Einhorn-Mord zu begehen – Lord Voldemort! Es ist der Anfang eines siebenjährigen Kampfes des Guten gegen das Böse.

Herz aus Glas

Das Horn des Einhorns als Symbol für die Zerbrechlichkeit von Träumen und die Härte der Realität – in keinem anderen Werk wird der widersprüchliche Charakter des Fabeltiers so geschickt als Metapher eingesetzt wie in Tennessee Williams' Theaterstück »Die Glasmenagerie«.

St. Louis in den 1930er-Jahren: Die Heldin Laura leidet körperlich an einer Kinderlähmung, seelisch an ihrer krankhaften und einseitigen Liebe zu Jim. Verstrickt in ihre Sehnsüchte und Träume, wird ihre ganze Aufmerksamkeit in Anspruch genommen von einem Gegenstand, der so zerbrechlich ist wie sie selbst: einer Menagerie, in der sie Tiere aus Glas sammelt.

Das Einhorn darin ist ihr Lieblingstier. In ihm sieht sie ihre eigene Einzigartigkeit, aber auch ihre Einsamkeit, aufs Beste verkörpert. Sie projiziert auf das Tier ihre ganze unerlöste Gefühlswelt in einem Maße, dass es schon wahnhafte Züge annimmt.

Nur einmal lebt sie auf. Als Jim sie bei einem durch die Mutter arrangierten Besuch zum Tanzen auffordert und sie seiner Bitte trotz ihrer Behinderung nachkommt. Die Freude währt nur kurz. Durch eine Ungeschicklichkeit streift Jim das Einhorn, und das Horn des Tieres bricht ab. Nun ist es nichts Besonderes mehr. Laura schenkt Jim, der die große Bedeutung, die dieser Akt für Laura hat, nicht erkennt, das kaputte Glastier als Souvenir.

Zurück bleibt sie mit einem gebrochenen Herzen.

Himmelskarussell

Dass das Einhorn am Firmament grast, wundert nicht. Das entspricht seinem himmlischen Wesen. Es hat seine Weidegründe am nördlichen Sternenhimmel, östlich des durch das TV-Raumschiff bekannten Orion und unweit des Sternbildes Sirius, dem wir bei Harry Potter begegnen. Ganz in der Nähe befindet sich auch das Sternbild der Zwillinge, von dem es überstrahlt wird.

Das Einhorn ist nämlich getreu seines scheuen Wesens ein zurückhaltendes Sternbild, das im Sternenstaub der Milchstraße fast verschwindet. Sein hellster Stern ist eine Sternengruppe, die zwar den sperrigen Namen β Monocerotis trägt, aber zu den »schönsten Anblicken am Himmel« zählt. Das sagte der Astrologe Wilhelm Herschel im Jahre 1781.

Denn bei dieser Gruppe handelt es sich um ein Himmelskarussell aus drei Sternen, die um einen vierten kreisen. Ein himmlischer Jahrmarkt, der zum Mitfahren einlädt. Das Schauspiel liegt nämlich nur 691 Lichtjahre von uns entfernt und kann, jetzt, da man seine Position kennt, von Mitteleuropa aus am besten im Winter betrachtet werden. Dazu reicht ein kleines Teleskop. Zwar müssen Hobbysterngucker auf wolkenlosen Himmel hoffen, dann heißt es aber wie auf einer echten Kirmes: »Alles einsteigen, alles festhalten! Das macht Spaß und das gefällt.« Der beste Himmelsritt, den es gibt.

Höhle

Das Tal der Vézère in der Nähe des Städtchens Montignac ist nicht erst seit jüngster Zeit eine angesagte Adresse. Schon in prähistorischen Zeiten erkannten die Menschen den Komfort dieser Flusslandschaft. Die Grotten, Krater, Felsvorsprünge und Höhlen, die das Wasser in Jahrtausenden aus dem Kalkstein geschwemmt hatte, boten nicht nur Schutz vor Unwettern und wilden Tieren. Sie boten auch Behaglichkeit. Die Bewohner der Höhle von Lascaux verfügten über Räumlichkeiten von über 250 Metern Länge. In bester Südlage und mit begehrten hohen Decken – so, wie wir es aus den Bonzenvierteln der Metropolen kennen.

Der Nachlass der Höhlenbewohner lässt auf einen hohen Lebensstandard schließen. Sie besaßen Lampen, Knochenwerkzeuge, Schaber, Speerspitzen, Bohrer. Sie zierten sich mit Ketten aus Muscheln. Ein Brunnen spendete Wasser.

Auch in der Raumgestaltung zeigten sie sich anspruchsvoll. Auf über achttausend Quadratmetern schmückten sie die Decken mit farbenfrohen Wandtattoos. Sie gehören zu den schönsten und eindrucksvollsten Funden aus der Jungsteinzeit. Schwimmende Hirsche und meterhohe Stiere, Bären, Bisons, Wildschweine, Rehe und Rentiere, Auerochsen, Raubkatzen und Wisente verwandeln die Wände in eine Wildnis.

Gleich in der ersten großen Halle, der Halle der Stiere, sehen wir eine besonders eindrucksvolle Szene. Eine Herde von zehn Wildpferden, die von einem rätselhaften Tier angeführt wird: einem Einhorn. Ein Spektakel! Der Steinzeitforscher und Priester Henri Breuil bezeichnete die Malereien als »Sixtinische Kapelle der Frühzeit«, Picasso bekannte nach dem Besuch der Höhle demütig: »Wir haben nichts entdeckt.«

Was haben unsere Vorfahren vor circa 17 000 Jahren mit diesen Bildern bezweckt? War es Kunst oder Kult? Beschworen sie ihre Götter oder kopierten sie ihre Umwelt? Es gibt Vermutungen, dass diese Malereien eine Art Karte für gute Jagdoptionen darstellen. Ein Beleg dafür sind die mehrfach kodierten Ziffern Drei und Vier. Drei steht für eine zeitliche Ordnung: gestern, morgen, heute. Vier für die vier

Himmelsrichtungen. Könnte es also sein, dass die Generation Lascaux den nachfolgenden Generationen, also auch uns, sagen wollte: Das Einhorn trefft ihr am besten im Norden, wenn es im Morgentau über die Wiese galoppiert? Möglich.

Horoskop

Wenn die Eigenschaften des Sternzeichens Einhorn auf einem Horoskop-Zuckerwürfel aufgelistet würden, dann stünde auf der Seite für die negativen Eigenschaften nichts, und auf der Seite für die guten Eigenschaften reichte der Platz nicht aus.

Das Einhorn-Horoskop kennt keine Aufs und Abs und keine Krisen. Es weist auf die Fähigkeit hin, mit sich und der Welt total im Reinen zu sein. Kosmisches Glück sozusagen.

Je nachdem, wo das Sternbild im Geburtshoroskop steht, blühen die einen auf vor Selbstliebe, die anderen schöpfen Kraft aus der Liebe zu anderen, aus ihrem Beruf, ihren häuslichen Angelegenheiten, ihrer Kreativität, ihrem Freundeskreis, ihrer Familie, ihrem Wunsch, die ganze Welt zu umarmen. Und wer so richtig beseelt ist vom Kosmos, der hat vielleicht sogar das Zeug zum Guru oder zur Meisterin.

Wer sich sein Einhorn-Horoskop deuten lassen will, den muss ich jedoch enttäuschen. Seine Auslegung ist genauso selten wie das Einhorn selbst und erlebt nur in abgelegenen Esoterikzirkeln eine sanfte Wiedergeburt.

Ja, Wiedergeburt! Denn ist es auch heutzutage nicht üblich, das Einhorn zu deuten, war es bei den antiken Persern völlig normal. Selbst Könige befragten ihr Himmelsschicksal. Im Einhorn lasen sie ihr Verhältnis zu den Göttern ab: Kann man sie sich einem gewogen machen? Wenn ja, wie? Durch Folgsamkeit oder Gebet? Durch milde Gaben oder Geißelung? Ein Magier oder Orakel half, die Winke des Himmels einzuordnen.

Das war auch nötig. Denn fünfhundert Jahre vor Christus boten astrologische Auslegungen des Einhorns die gleiche Bandbreite an wolkengleichen Botschaften an wie heute. Alles konnte so oder auch so gedeutet werden, stimmte aber immer zuversichtlich und froh.

House of Cards

Im dynamischen Machtgefüge Washingtons, wo greifbare Fakten mehr zählen als wolkige Fantastereien, gilt das Einhorn als Beispiel für Schaumschlägerei. In einer Schlüsselszene der Serie »House of Cards« (erste Staffel, zweite Folge) reicht Stabschef Doug Stamper (Michael Kelly) seinem Dienstherren Frank J. Underwood (Kevin Spacey) einen Zeitungsausschnitt, der Franks Rivalen um das Außenministerium aus dem Amt schleudern soll. Doch Frank findet den Artikel ziemlich substanzlos. Doug pflichtet ihm mit den Worten bei: »Der Typ ist ein Einhorn. Der pinkelt Regenbogen.«

Soll heißen: Klar macht der Verfasser viel Wind um nichts, aber das ist egal. Genau so entwickelt sich der Dialog auch weiter.
Underwood: »Sie denken, Sie können damit an Boden gewinnen.«
Stamper: »SIE können das.«
Weil Einhörner eben alles möglich machen!

House of Lords

Wer seine politische Karriere unter dem Blick eines stolz aufsteigenden Einhorns verbringen will, sollte all seine Energie darauf verwenden, ins britische House of Lords berufen zu werden. Dort, nämlich als Zierfigur einer Ballustrade, wacht es gemeinsam mit seinem Freund, dem Löwen, über Debatten und Beschlüsse des Oberhauses. Ein würdiger Schutzpatron für das älteste Parlament der Welt, das sich aus dem englischen Kronrat heraus entwickelte, der erstmals unter der Herrschaft von König Eduard I. im Jahr 1295 zusammentrat.

Ice, Ice, Baby

Der gut sortierte Fachhandel für Haushaltswaren hält Silikonformen bereit, in denen man Wasser zu Eiswürfeln in Form von Einhorn-Köpfen gefrieren lassen kann. Das klingt nach einem weiteren Gegenstand, der die Küchenschränke vollstopft – wie der Raclettegrill oder der Fonduetopf, die höchstens zu Silvester ihre große Stunde haben und die restlichen 364 Tage des Jahres ungenutzt verstauben.

Aber man sollte die Einhorn-Eisformen da nicht unterschätzen! Kühlt man seinen Drink nämlich mit ein paar dieser fabelhaften Kreationen, kann man im Klirren der Eiswürfel das kristallklare Hufgetrappel einer wilden Einhorn-Herde erkennen. Oder es sich zumindest einbilden. Chin-chin!

Ich – Einfach unverbesserlich

Wenn die kleine Agnes, eine der drei Waisenmädchen aus dem Animationsfilm »Ich – Einfach unverbesserlich«, abends vor dem Zubettgehen betet, dann klingt das so: »… und bitte mach, dass wir bald adoptiert werden. Und dass Mummy und Daddy zu uns lieb sind.« Hier sagen ihre Freundinnen Margo und Edith »Amen!«. Aber Agnes schiebt nach: »Und dass sie ein zahmes Einhorn haben.«

Dann singt sich die kleinste und traurigste der drei Waisen in den Schlaf: »Einhorn hab mich lieb, Einhorn hab mich lieb. Einhorn, Einhorn, Einhorn. Ich könnte eins streicheln, wenn sie wirklich echt sind. Also habe ich eins gekauft, um es zu streicheln.« Lalala. Sie drückt ihr blaues Plüscheinhorn an sich und schläft ein.

Es dauert knapp anderthalb Stunden, bis Agnes' Gebete erhört werden. Doch vorher muss die Kleine einige Hindernisse in ihrem Wunsch nach Liebe überwinden. Und Einhörner tauchen darin als ultimativer Liebesbeweis auf.

Superbösewicht Gru, ihr Adoptivvater, kann mit den drei Mädchen zunächst überhaupt nichts anfangen, sondern nutzt sie nur aus, um seinen Rivalen Vector auszubooten. Kaum gelingt ihm das, sollen Margo, Edith und Agnes wieder zurück ins Waisenhaus abgeschoben werden. Doch nachdem Gru die Kredite für seine Schurkenprojekte gestrichen werden, schlachtet Agnes ihr Sparschwein und löst damit eine Welle von Kleinspenden aus, die Gru retten. Und rühren. Gru weiß, wie er sich bedanken muss. Er schreibt den drei Kindern eine Gutenachtgeschichte, und die geht so: »Ein großes Einhorn, stark und frei, glaubte, dass es überglücklich sei. Dann kamen die drei Kätzchen daher, und schon lief es in seinem Leben kreuz und quer. Sie brachten es zum Lachen, sie brachten es zum Weinen. Nie hätte es sich trennen dürfen von den Kleinen. Doch jetzt gibt es nie wieder Trennungsschmerz. Denn den drei kleinen Kätzchen gehört nun sein Herz.« Und die kleine Agnes hat alles, was sie sich wünscht: einen Einhorn-Daddy, der sie total lieb hat.

Immergrüner Wald

Ein Wald, in dem es weder Herbst noch Winter gibt, ist der natürliche Lebensraum des Einhorns. Hier fühlt es sich wohl und behütet. Auch die anderen Tiere profitieren von der Anwesenheit des Einhorns im Immergrünen Wald. Es ist quasi sein inoffizieller Herrscher, und solange es anwesend ist, sind alle Tiere durch einen magischen Zauber geschützt. Niemals wird es Jägern gelingen, hier auch nur ein einziges Tier zu erlegen. Sie werden durch die Anwesenheit des Einhorns für menschliche Augen unsichtbar. Deshalb bemühen sich alle Tiere verstärkt um den Erhalt des Einhorns. Es ist ihre Lebensversicherung. Und auch der Grund, warum das Einhorn so beliebt ist.

Indien

Es heißt über das »Mahabharata«, das im 4. Jahrhundert vor Christus entstanden ist: »Was hier gefunden wird, kann woanders auch gefunden werden. Was hier nicht gefunden werden kann, kann nirgends gefunden werden.« Die Geschichte der Bharatas, das mythologische Buch der indischen Götter, ist eine moralische Saga in über 100 000 Doppelversen, die von Gott Ganesha höchstpersönlich aufgeschrieben wurden. Sie erzählt von den großen Themen der Menschheit: von Leben und Tod, Mann und Frau, Freundschaft und Rivalität, Krieg und Frieden, vom Guten und Bösen, von Sex und Gewalt. Und von Einhörnern. Natürlich tauchen auch sie hier auf, denn sonst würde es sie ja nicht geben. Zentral ist die Geschichte eines Rosenkriegs. Doch statt Yorks und Lancasters stehen sich hier die Pandavas und ihre Cousins, die Kauravas, gegenüber. Die Pandavas siegen, obwohl sie nur zu fünft sind, und die Kauravas einhundert. Aber die Pandavas sind schlauer. Sie kennen den Einhorn-Trick.

Er hat sie schon einmal gerettet, als eine Dürre das Land heimgesucht hatte. Damals kamen sie auf die Idee, das Einhorn zu verführen. Das Einhorn ist der Einsiedlerjunge Rishyashringa. Er heißt so, weil er ein einziges Horn auf der Stirn trägt. »Shringa« ist Sanskrit und heißt Horn. Der Einhorn-Junge ist scheu und naiv und rein. Die Pandavas beschließen, ihm eine Frau zuzuführen. Sie wollen eine der höfischen Konkubinen schicken, doch die meisten weigern sich. Sie haben Angst, denn der Junge ist wild und gefährlich. Nur eine Konkubine traut sich zu, das Einhorn zu fangen. Beeindruckt von soviel Mut sichert der König ihr zu, dass sie alles, was sie dazu brauchte, von ihm bekomme. Sie verlangt – oh, Schreck für

den König! – seine Tochter.
Die Konkubine weiß, dass das
Einhorn sowieso nur eine Jung-
frau heranlässt. Sie führt dem
Jungen die Prinzessin zu, und
er fügt sich. Die beiden haben
Sex, es regnet, alles blüht und
gedeiht.

Das Horn, der Regen, die
blühenden Landschaften – um
diese Symbolik zu verstehen,
braucht es keine verschlunge-
nen Wege. Schwanz, Sperma,
Schwangerschaft. Es geht im
Mahabharata um die Urthemen
der Menschheit. Und natürlich
spielt das Horn des Einhorns in
seiner simpelsten Interpretation
eine Hauptrolle. Anders gesagt:
Am Anfang war der Sex.
Ach, Einhorn-Forscher gehen
davon aus, dass im Mahabharata der Ursprung des
abendländischen Ein-
horn-Mythos liegt.

Indus-Kultur

Das alte Ägypten und das
alte Babylon kennt jeder.
Aber kaum einer hat schon einmal von der frühen Hochkultur

am Indus gehört. Kein Wunder,
denn sie hat weder monumen-
tale Bauten (die Pyramiden!)
hervorgebracht, noch monu-
mentale Erzählungen (Turm
zu Babel!). Dennoch ist es ein
bisschen ungerecht, denn sie
haben uns zwei andere be-
deutende kulturelle Leistungen
hinterlassen.
Doch von Anfang an. Die
Indus-Kultur entwickelte sich
zwischen 2800 und 1800 v. Chr.
entlang des Flusses Indus auf
dem Gebiet des heutigen Pakis-
tans. In ihrer Blütezeit siedel-
ten dort über fünf Millionen
Menschen. Sie kannten gepflas-

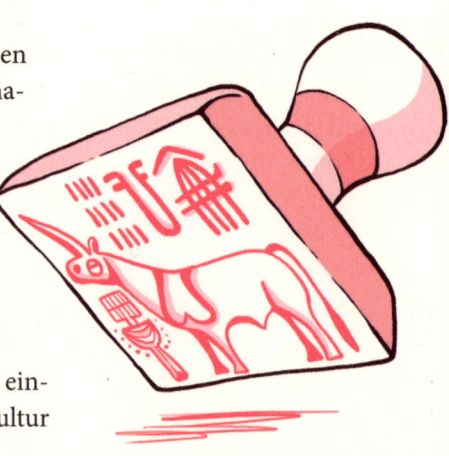

terte Straßen, Häuser aus Stein, Kanalisation und Abwassersysteme mit Gullys und Anschluss für Toiletten. Ihre Städte waren stadtplanerische Meisterwerke mit einem Schachbrettgrundriss – ähnlich dem von New York. Sie betrieben Ackerbau und Viehzucht, lebten aber vom Handwerk. Ihre kunstfertig verarbeiteten Baumwoll- und Leinenstoffe waren der Verkaufsschlager in ganz Südasien. Ebenso wie die breite Angebotspalette ihrer Schmuck- und Tonmanufakturen. Sie erfanden den luftgetrockneten Lehmziegel, dessen Maße 1:2:4 heute noch ein Hit sind. Das ist ihr Kulturerbe Nr. 1.

Nun zu Nr. 2: All diese Dinge haben sie exportiert. Um ihre vielfältigen Handelsbeziehungen zu besiegeln, wählten die Indus-Bewohner ein Speckstein-Siegel als Unterschrift, es diente als eine Art Frachtbrief. Auf den Siegeln war bevorzugt ein Tier abgebildet. Das beliebteste Tier war, wen wundert's, das Einhorn. Es kommt im Indus-Kult in so vielfältigen Variationen vor, dass man glauben muss, diese Menschen seien sogar mit mehreren Einhorn-Arten vertraut gewesen. Es gibt zahlreiche Specksteine mit Einhorn-Siegel. Vielleicht war das auch das Geheimnis für den kaufmännischen Erfolg der Exporteure. Es ging nicht um die Ware, sondern um den Einhorn-Frachtbrief. Glückliche Indus-Leute!

Investment

König Jakob I. von England (1566–1625) erwies sich als weitsichtiger Investor, als er kurz nach seiner Thronbesteigung ein Einhorn-Horn für den Kronschatz erwarb. Er zahlte nur 10 000 Pfund für die Kostbarkeit. Ein halbes Jahrhundert später wurde das Horn schon mit 100 000 Pfund bewertet. König Jakob I. bekam den Beinamen: »the wisest fool in Christendom«, der weiseste Narr der Christenheit.

man es genau nimmt, haben die Dänen nichts anderes behauptet: Ist alles das Gleiche.

Jugendstil

Der Jungendstil war mehr als eine neue Strömung in der Kunst. Er war ein Gefühl. Genau genommen war er das YOLO der Jahrhundertwende 1900. Eine Absage an die starren Formen der Klassik, Ranken statt gerader Linien, 2-D statt Zentralperspektive. Der Jugendstil richtete sich gegen alles, was an den Akademien gelehrt wurde. Er war Aufbruch und Revolution zugleich. Verspielt, ornamental, fantasievoll und witzig. Er verschmolz Kunst mit dem Leben, ergoss sich über Wohnhäuser, Metrostationen, Markt- und Tanzhallen, Registrierkassen, Schirmlampen, Vasen, Champagnerflaschen. Selbst Schriften nahmen Schwung auf. Kunst war Alltag und das Leben ein Gesamtkunstwerk. Alles floss. Und überall rankten Blumen. Mittendrin in dieser

Japan

Als Mitte des 17. Jahrhunderts aufflog, dass die Kopenhagener Kaufmannsgilde bei ihren Einhorn-Verkäufen Etikettenschwindel betrieb, waren die heimischen Geschäfte ruiniert. Die Händler erschlossen sich kurzerhand andere Absatzmärkte. Fern von der Heimat in Japan fanden sie dankbare Abnehmer für ihren Einhorn-Fake. Über zweihundert Jahre konnten sie ihre Geschäfte betreiben. Dann kam man auch hier ihrem unlauteren Treiben auf die Schliche. Das Einhorn war in Wahrheit das Horn des Meeres-Einhorns Narwal. In der japanischen Sprache hat sich das auf doppeldeutige Weise niedergeschlagen. Das Schriftzeichen für Einhorn kann yunikon ausgesprochen werden, aber auch ikkakuju. Das bedeutet Narwal. Wenn

Aufbruchsstimmung befand sich das Einhorn. Mit seinem geschwungenen Rücken, seiner flatternden Mähne, seinem gedrechselten Horn sprengte es die Norm der Symmetrie. Aber es passte nicht nur als dekoratives Highlight in diese Epoche. Auch seine Symbolkraft traf den Nerv der Zeit. Es war fabelhaft und schön, und es verkörperte die Leichtigkeit des Seins.

Julius Caesar

Er kam und sah die üppige, sonnendurchflutete Natur seiner Heimat, die zerfurchten Landschaften Spaniens, die dunkle, wilde Vegetation der Länder, in die ihn sein gallischer Feldzug führte. Und er sah Ägypten. Aber gesiegt über seine Sinne hat die Tierwelt im Herkynischen Wald, einem Gebirgszug in der Mitte Germaniens, den man, so Caesar, in sechzig Tagen nicht durchqueren könne. Denn hier traf er erstmals ein Einhorn.

Caesar war so beeindruckt von der Fauna des Herkynischen Walds, der das Mittelgebirge nördlich der Donau bezeichnet, dass er in seiner Erinnerungsschrift »De bello Gallico« völlig von seinen zentralen Schilderungen abschweift. Statt über Schlachten und Feldzüge, Verbündete und Besiegte zu schreiben, berichtet er über die Tiere, die in diesem Wald leben. Nicht ohne Grund. Hören wir hin: »Es sieht aus wie ein Hirsch, auf dessen Stirn in der Mitte zwischen den Ohren ein einziges Horn wächst, länger und gerader als alle Hörner, die wir kennen.«

Ein unicornis! Ein Einhorn! Es hat ihm Glück gebracht. Er kehrte siegreich von seinem Feldzug zurück. O, tu felix Caesar!

K

Kacke

Der Esel scheißt Dukaten, das Einhorn Regenbogen. Und es gibt Korinthenkacker. Es zählt schon zum psychologischen Allgemeinwissen, dass sich unser Verhältnis zu Geld in unserm Verhältnis zu unseren Ausscheidungen zeigt. Ein Geizhals gilt als analfixiert, er hält zurück, was losgelassen werden sollte. Mit Menschen, die analfixiert sind, verbindet man eine übertriebene Sauberkeit und Pingeligkeit, die von waagrecht ausgerichteten Bleistiften bis zur pedantischen Auslegung von Gesetzen reicht. Im Klischee des Beamten findet sich dieses Bild wieder. Oder in dem des Paragrafenreiters. Solche Menschen gelten als unsympathisch.

Ganz anders hingegen ein Wesen, das mit seinen Ausscheidungen seine Umgebung mit einem Regenbogen überspannt. Das haben alle lieb. Es ist freundlich, großzügig,

lebensfroh und lässt die Dinge so, wie sie sind. Jeder will mit ihm befreundet sein. So ist das mit dem Einhorn.

Kap Hoorn

Nachdem sich der niederländische Kapitän Willem Cornelisz Schouten mit der Niederländischen Ostindien-Kompanie (NOC) überworfen hatte, wollte er einen neuen Seeweg nach Indonesien finden. Dieser sollte weder um das afrikanische Kap der Guten Hoffnungen noch durch die südamerikanische Magellanstraße führen, wo Schouten von der verhassten NOC abkassiert würde. Die rührige Kaufmannschaft seines Heimatortes Hoorn zeigte großes Interesse an dem Vorhaben und finanzierte die Erkundungsfahrt durch eine Art Crowdfunding vor. Auch sie wollten die Seemaut sparen. Schouten und sein Partner Jacob Le Maire stachen am 14. Juli 1615 mit zwei Schiffen in See. Fünf Monate später fanden sie die gesuchte Route entlang der Südküste Südamerikas und nannten die Spitze Patagoniens Kap Hoorn in Gedenken an die hilfreichen Händler seiner Heimatstadt Hoorn, die – daher der Name – ein hoch aufgerichtetes, weißes Einhorn in ihrem Wappen trägt. So kam es, dass das Einhorn Namenspate für Kap Hoorn wurde.

Karfunkelstein

Der Karfunkelstein ist ein Heilstein, dessen universelle Kraft man im Mittelalter hoch schätzte. Sein Name leitet sich vom lateinischen »Carbunculus« ab, was so viel bedeutete wie »kleines Stück Holzkohle« – damit spielte man auf die rote Farbe des Steines an, die an glühende Kohle erinnert. Der Stein war selten, und man vermutete, dass Exemplare mit besonders hoher Energiedichte unter dem Horn des Einhorns zu finden sind. Er war der Stein der Könige und verstärkte positive Eigenschaften. Er spendete Kraft und erhellte mit Leben. Er war gut gegen Kopfschmerzen und verschonte Gemüse von Fäulnis. Seine Wirkung war so stark, dass er überdosiert werden konnte. Heiler empfahlen, den Stein sofort von der Haut zu nehmen, wenn er warm geworden war. Sonst konnte seine Magie ins Gegenteil umkippen. Heute nennt man den Stein Granat, und man findet ihn öfter noch als unterm Einhorn-Horn in Großmutters Schmuckschatulle. Heilkraft? Dann lieber eine Aspirin.

Kasachstan

Kasachstan hat neben Borat noch eine weitere Attraktion: einen prähistorischen Einhorn-Schädel. Paläontologen haben die Schädelknochen 2016 im südwestlichen Teil Sibiriens an der Grenze zu Russland gefunden. Sie schätzen, dass das Skelett nur 29 000 Jahre alt ist. Ein Kracher! Denn bislang glaubte man, dass Einhörner bereits vor 300 000 Jahren ausgestorben seien. So aber ist auch bewiesen, dass die ersten Menschen dem Ur-Einhorn begegnet sind. Denn in dem versteppten Landstrich, wo der Fund ausgegraben wurde, lebte vor knapp dreißig Millennien auch der Cro-Magnon-Mensch, einer unserer Vorfahren. Er war

Zeitgenosse des Einhorns und von ihm genauso fasziniert wie wir heute – und er hat es zum Glück weitererzählt. Und wie das mit der Stillen Post so ist, wurde über Jahrhunderte und Jahrtausende hinweg aus dem eher plumpen Riesennashorn mit vier Tonnen Lebendgewicht, zwei Metern Schulterhöhe, vier Metern Länge und dem dunkelgrauen, struppigen Haar eines räudigen Rauhaardackels ein eleganter Pferdekörper mit seidig glänzendem Fell und wehendem Regenbogenschweif.

Kims Märchenstunde

Nordkoreas Diktator verfügt nicht nur über die Atombombe, sondern auch über ein Fundstück von emotionaler Sprengkraft. Wohl vom andauernden politischen Kräftemessen ermattet, meldete 2012 die staatliche Korean Central News Agency (KNCA), dass Archäologen nur fünfzehn Minuten vom Zentrum der Hauptstadt Pjöngjang entfernt in der Nähe des Yongmyong-Tempels die Einhorn-Stallungen des Königs Tongmyong (58 v. Chr. bis 19 n. Chr.) entdeckt haben. Ein Sensationsfund! Hinweise auf die antike Stätte hatte es schon in den historischen Büchern »Koryo History« und in dem »Sinjungdonggukyojisungnam« gegeben, einer Kartensammlung Koreas aus dem 16. Jahrhundert. Warum die Suche jedoch so lange gedauert hat, bleibt fraglich. Denn vor dem Eingang der Höhle steht eine mannshohe Pyramide mit dem Schriftzug »Einhorn-Höhle«. Fairerweise muss gesagt werden, dass diese erst im 10. Jahrhundert errichtet worden ist und zudem von Schlingpflanzen und Gebüsch überwuchert war.

Dennoch bleibt die Frage: Erzählt uns Kim Märchen? Nicht unbedingt. Denn Tongmyong war fabelhaft. Er war der erste König von Korea. Er gründete eine über siebenhundert Jahre während Dynastie, die 28 Könige hervorgebracht hat. Er selbst war durch Licht gezeugt und in einem Ei geboren. Seine Ahnenreihe führt direkt zu den Göttern. Als mächtigster Potentat seiner Zeit entfaltete er einen Lifestyle von ungeheurer Pracht. Der Gedanke, dass ein solcher Prahlhans sich nur auf Einhörnern fortbewegt hat, ist absolut nachvollziehbar. Wer könnte es ihm verdenken.

PS: Der Eintritt zur Höhle ist frei. Montag geschlossen.

Kleinod

Wenn in den »Chroniken von Narnia« die Götterdämmerung droht, darf auch Einhorn-Power nicht fehlen. In der großen »Letzten Schlacht« gegen den Falschen Aslan galoppiert König Tirian auf seinem cremeweißen Einhorn Kleinod in der vordersten Reihe der Schlachtformation den feindlichen Truppen entgegen.

Avantgarde (= vor der ersten Garde) heißt dieses wagemutige Schlachtmanöver. Es überrascht durch seine Unverfrorenheit – zumal wenn das Pferd auch noch hell ist. Denn das Tier überstrahlt das graubraune Schlachtgetümmel. Frei nach dem Motto: »Natürlich verstecke ich mich nicht hinter Camouflage. Ich bin schließlich unverletzlich.«

Diesen psychologischen Trick hat sich Clive Staples Lewis, der Autor der siebenbändigen »Chroniken von Narnia« (1939–1954), aus der Geschichte abgeschaut. Auch Alexander der Große und Napoleon ritten auf einem Schimmel in den Krieg und umgaben sich so mit einer Aura der Unbesiegbarkeit. König Tirian hat es nicht geholfen. Auch wenn Kleinod mit seinem eisblauen Horn so manchen Gegner aufspießen kann, müssen sich Einhorn-Ross und Reiter geschlagen geben. Kleinod wird von den Speeren der Kalormen getroffen und stirbt. Es zählt aber zu den Auserwählten, die der Wahre Aslan in die jenseitige Welt des Wahren Narnia mitnimmt. Dort lebt es weiter. Wen wundert's: Einhörner sind eben unsterblich.

Klossprüche

Auf Damenklos ist ein neuer Trend auszumachen. Neben Klassikern wie »Ich war hier!«, herzchengerahmten Liebesbekenntnissen (»Julia + Tim«) und obszönen Zeichnungen tummeln sich seit Kurzem vermehrt Einhörner auf den Innenwänden öffentlicher Toiletten. Meist in Sinnsprüchen. Es heißt: »Scheiß auf den Prinzen, ich nehme das Einhorn.« Oder: »Eat glitter and make your ass shine all day!« Oder: »Ich bin ein Einhorn. Ich scheiße Liebe und kotze Glück.« Doch was will uns das sagen?

Tatsächlich gibt es bereits seit 1904 einen Forschungsbereich, der sich mit Latrinenparolen beschäftigt und daraus gewinnbringende Erkenntnisse für Psychologie und Sexualforschung ableitet. In unserem Fall liegt die Deutung nahe, dass wir alle große Transformationskünstlerinnen sind und aus einem schlecht beleumundeten Ort ein Paradies machen. Wir sind Einhornprinzessinnen, die den letzten Dreck in Glück, Glitzer und grenzenlose Liebe umwandeln. Ein schöner Wunsch – gerade hier! Und er lässt uns erhabener dastehen, als wir sind. Wer, wenn nicht wir, sollte diese Chance nutzen? Ach, wie es auf Männerklos zugeht? Davon habe ich keine Ahnung.

Kondom

Wenn bei irgendeinem Ding in der großen, bunten Warenwelt die verkaufsfördernde Etikettierung als Einhorn-Produkt gerechtfertigt ist, dann bei einem Kondom. Seit jeher wird das Horn des Einhorns als Phallus gedeutet.

Die Geschäftsidee von Philip Siefer und Waldemar Zeiler, die Gründer des Berliner Start-ups »Einhorn«, ist einfach wie einleuchtend. Der Kondomkauf bewegt sich zwischen Peinlichkeit und Pornografie. Doch bei den Einhörnern ist die Scham vorbei. Ihre Verpackungen sehen aus wie kleine Chipstüten. Da braucht man seinen

Einkauf nicht zwischen wenig kompromittierenden Gurkengläsern und frischen Pflaumen zu verstecken. Ebenso ansprechend sind ihre Werbetexte. Man erhält die Information, dass dreißig Minuten aktiver Sex dreihundert Kalorien verbraucht – ab zum Matratzensport.

Ein anderer Spruch brachte sie vor das Landgericht Düsseldorf. Gegen die Behauptung »Sieben Kondome entsprechen bis zu 21 Orgasmen« klagte ein Kölner Mitbewerber: Dieser Satz fordere zu Mehrfachnutzung auf. Der Rivale gewann.

Doch statt den Schwanz einzuziehen, nutzten Siefer und Zeiler diese Schlappe für farbenfrohe Guerilla-PR. Sie demonstrierten – Zeiler im pinkfarbenen Einhornkostüm – für ein Recht auf multiple Orgasmen. Denn ihre Rechnung geht so: Natürlich kann man mit sieben Kondomen auf 21 Orgasmen kommen! Einmal der Mann, zweimal die Frau. »Denn nur ein Schwein kommt allein.« Die

Veranstaltung fand symbolträchtig auf dem Pariser Platz in Berlin statt. »Pariser« ist ein veraltetes Synonym für Kondom. Einhorn-Kondome werben nicht nur mit bunter Verpackung, sie sind fair gehandelt. Der Kautschuk stammt aus ökologischem Anbau in Malaysia. Geldgeber für den Ankauf fanden sie beim Crowdfunding. Die Kondome selbst enthalten kein Casein und gelten deswegen als vegan. Auch das eine typische Einhorn-Eigenschaft. Der Markt für Kondome beläuft sich in Deutschland auf einhundert Millionen Euro. Ihn teilen sich drei Big Player auf. Doch die Einhörner bewiesen in ihrer Nische Steherqualitäten. Sie setzten 2016 ein bisschen mehr als eine Million Euro um.

Konfuzius

Was der Erzengel Gabriel der Jungfrau Maria, ist das Einhorn der Mutter des Konfuzius. Es überbrachte ihr die Botschaft von der Geburt eines göttlich gesegneten Kindes.

Der Legende nach soll es vor der schwangeren Mutter des Konfuzius eine Jadetafel ausgespuckt haben. Auf dieser stand die Verkündigung: »Sohn des Kristalls der Berge (oder der Essenz des Wassers), wenn die Dynastie stürzen wird, so wirst du als König ohne königlichen Insignien herrrschen.« Zum Dank für diese frohe Botschaft band die Mutter des Konfuzius dem Einhorn ein Band um sein Horn.

Lange mussten Konfuzius und seine Mutter an dieser Prophezeiung zweifeln. Denn der Aufstieg des Konfuzius zum Meister dauerte Jahrzehnte. Sein Vater starb, als er zwei Jahre alt war. Konfuzius jobbte als Hilfsarbeiter, wurde durch die Machtkämpfe rivalisierender Fürsten zerrieben, musste fliehen, um Asyl bitten. Und hungern. Erst mit fünfzig Jahren bekam er einen Ministerposten, doch schon nach einem Jahr schmiss er hin und begab sich – wie Jesus – mit einer Schar Jünger auf Wanderschaft. Reich wurde er nie, erst seine

Jünger machten seine Lehren publik. Seine Weisheiten werden noch heute zitiert.

Das Einhorn, das ihm seine Königswürde prophezeit hatte, traf Konfuzius noch einmal. Er war siebzig Jahre alt, und man hatte ihn rufen lassen. Sein Einhorn lag im Sterben, es war von Wilderern getroffen worden. Weinend saß der große Mann neben dem Einhorn. Das Band, das ihm seine Mutter umgebunden hatte, trug es immer noch.

Kotzendes Einhorn

»Kotzendes Einhorn« ist ein cooler Szene-Blog rund um die Themen Liebe, Kultur, Revolution und Lethargie. Natürlich geht es auch um die Pflege und Hege von Einhörnern und um andere Einhorn-Fakten. Der Berliner Betreiber postet unter der Webadresse www. kotzendes-einhorn.de jede Menge Artikel über spaßige und strittige Angelegenheiten und ordnet sich dabei allein dem Paradigma des »Einhornism« unter. Er definiert das

so: »Deine Bereitschaft an das Schöne, Wahre und die Liebe zu glauben ist Einhornism. Kunst ist Einhornism und Poesie ist Einhornism.« Klingt doch gut!

Kunst

Als die Schweizer Bodensee-Gemeinde Romanshorn 2003 Gelder für eine Skulptur auf ihrem Bahnhofsvorplatz lockermachte, wusste das Künstlerduo Com&Com alias Marcus Gossolt und Johannes M. Hedinger, wie es sich den lukrativen Auftrag sichern konnte: Sie brachten die Geschichte von einem Waisenjungen und einem See-Einhorn ins Spiel. Und die geht so:

Der Waisenjunge Roman fängt auf dem Bodensee ein seltsames Tier, halb Fisch, halb Einhorn. Er hat Mitleid und befreit es. Aus Dank führt ihn das Tier, das sich Mogmock nennt, zu Plätzen, wo es besonders viele Fische gibt. Zwischen Roman und dem magischen Mogmock entwickelt sich eine Freundschaft.

Eines Tages sehen die Freunde vom See aus, wie am Rande des Dorfes Flammen hochlodern. Wie die Einwohner warnen? Das Mogmock sagt: »Brich mein Horn ab und gib Alarm. Auch wenn ich dann für tausend Jahre im See verschwinden muss, bis mein Horn nachwächst.« Roman ist hin- und hergerissen und entschließt sich schließlich, das Horn abzubrechen und die Dorfbewohner mit einem kräftigen Signal vor der drohenden Feuersbrunst zu warnen. So entstand der Name Romanshorn.

Lokalhistoriker lobten den historischen Fund und steuerten Belege für einen großen Brand aus der Gemeindechronik bei. Kommunalpolitiker förderten die Verbreitung der Geschichte in der Gemeinde Romanshorn – überall wurden CDs verteilt.

Blöd nur: Die Geschichte war weder alt noch tradiert, sondern eine Fake News at its best. Com&Com hatte sie erfunden. Das Künstlerduo macht das oft

so, Dinge in die Welt setzen, die es nicht gibt, und geschürte Erwartungen enttäuschen. Sie fragen: Sind die Dinge wahr, oder will ich nur, dass sie wahr sind?

Es gab nicht wenige in Romanshorn, die sich verarscht fühlten. Aber: Zumindest half diese Geschichte, für die Skulptur auf dem Bahnhofsplatz, um die es ja eigentlich ging, zu werben. Als diese nämlich enthüllt wurde, waren die Romanshorner völlig schockiert. Die Reaktionen auf den gelbschwarzen Einhorn-Nessie-Fisch-Hybrid im Pokémon-Stil fielen vernichtend aus: »Das ist keine Kunst. Das ist hässlich.« Schließlich ließ man in einem Volksentscheid darüber abstimmen, ob die Einhorn-Nessie am Bahnhofsplatz bleiben darf oder an den Stadtrand verbannt wird. Das Ergebnis: 53,5 Prozent der Romanshorner sagten: Die Einhorn-Nessie bleibt! Dabei hat die Fake-Legende von Roman und dem See-Einhorn sicherlich geholfen.

Kuss des Einhorns

»Ich wollte gar nicht mit dir tanzen«, flüsterte er ihr ins Ohr. »Der Tanzlehrer hat mich gezwungen. Du bist fett – wie ein Schwein.«

Das kränkt. Aber Lene, die Heldin in Silvia Tennenbaums Roman »Straßen von gestern« (1981) über eine jüdische Familie in der Weimarer Republik, hat nichts anderes von ihrem Tanzpartner erwartet. Denn Günter ist ein Grobian, das weiß jeder.

Natürlich rennt das Mädchen raus aus dem Salon der pompösen Frankfurter Westend-Villa, der für den Kinderkarneval mit Luftballons und bunten Leckereien geschmückt worden war. Sie sucht in dem riesigen Haus einen Ort, an dem sie ungestört weinen kann, und landet im Arbeitszimmer des Vaters ihres Gastgebers, dem kleinen Thomas von Brenda-Bardolet. Dort bleibt Lene stehen und staunt mit offenem Mund: An der Wand hängt ein Gobelin voller Kaninchen, Vögel, Mäuse, Katzen, Fasanen und tausenden von Blumen. In der Mitte aber hebt sich ein weißes Tier mit einer Wunde am Hals vom roten und blauen Hintergrund ab: ein Einhorn. Lene ist so beeindruckt, dass sie vergisst zu weinen. Tom, der ihr gefolgt ist, beobachtet sie einen Moment und spricht sie erst an, als er spürt, dass sie nicht erschrecken würde. Er erzählt ihr, dass der Gobelin die Kopie eines berühmten Teppichs aus Paris sei, den sein Vater hat anfertigen lassen.

»Armes Einhorn«, sagt sie.

»Es wird wieder lebendig«, sagt er. Sie stehen nebeneinander.

»Weine nicht!«, sagt der Junge – und dann küsst er die kleine Lene auf die Wange. Und sie nimmt es so hin, als ob sie ihr Leben darauf gewartet habe. Kaum sind beide erwachsen, werden sie heiraten.

Lady Gaga

Bei Lady Gaga geht die Einhorn-Power unter die Haut. Die Sängerin trägt auf dem linken Oberschenkel ein Einhorn-Tattoo, um dessen Horn sich ein Banner mit den Worten »Born This Way« windet.

Die Künstlerin ließ es im September 2010 im New Yorker East Village stechen. Kurz darauf gab sie bekannt, dass sie an einem neuen Album arbeitete. Der Titel lautete »Born This Way«.

Das Einhorn sollte ihr Glück bringen. Das Album stieg auf Platz eins in den USA, Großbritannien, Deutschland, Frankreich, Österreich, Schweiz, Russland, Japan, Irland, Neuseeland und Australien ein. Weltweit verkaufte es sich über acht Millionen Mal. Erfolgversprechend war auch die Botschaft des Titelsongs. In

ihm geht es darum, die Einzigartigkeit jedes Menschen anzuerkennen, ganz gleich welchen Geschlechts, welcher Rasse, welcher sexuellen Orientierung. Das Einhorn als Symbol der Individualität unterstützt Gagas Message auf sehr fleischliche Weise. Da die Sängerin offenherzige Garderobe bevorzugt, ist es bei fast jedem ihrer Bühnenauftritte zu sehen.

In einem anderen Song des Albums ist das Einhorn titelgebend. In »Unicorn Highway« heißt es:

> *We can be strong*
> *We can be strong*
> *Follow that unicorn*
> *On the road to love*

Wer würde diesem Lockruf nicht nachkommen?

Lady Gagas Konzerte sind in der Regel binnen Minuten ausverkauft.

Lady Rainicorn

Die US-Zeichentrickserie »Abenteuerzeit mit Finn und Jake« wartet wohl mit einer der zauberhaftesten Schöpfungen auf, seitdem es Einhörner gibt: Lady Rainicorn. In der deutschen Fassung heißt sie Lady Regenbogen, ein klassischer Übersetzungsfehler, weil es die Einhorn-Eigenschaften der Lady gänzlich unterschlägt. Deshalb wählen wir hier den Originalnamen.

Sie ist eine Mischung aus Einhorn mit langer blonder Mähne und Regenbogen (ohne Orange), und es ist kein Wunder, dass Jake, obwohl er ein Hund ist und eigentlich eine Hündin lieben müsste, mit ihr geht.

Sie ist die Freundin von Prinzessin Bubblegum und dient ihr gelegentlich auch als Reitpferd. Denn Lady Rainicorn kann fliegen und sich ausdehnen und zusammenziehen, was besonders bei Landungen von großem Vorteil ist. Mit ihrem Horn kann sie Licht abfeuern und damit jeden Gegenstand und jede Person in jede beliebige Farbe einfärben. Das tut zwar ein bisschen weh, dennoch gilt sie in ihrem Freundeskreis als easy und entspannt.

Lady Rainicorn spricht nur Koreanisch, und das kann durchaus zu Missverständnissen führen, denn sie hat ihre Übersetzungsmaschine nicht immer dabei. Mit ihrem Freund Jake aber versteht sie sich blind. Ihre Sprache ist die der Musik. Beide können Violine spielen. Und die der Liebe: Lady Rainicorn schenkt Jake Kinder, die sowohl seine als auch ihre

Eigenschaften in schönster Weise vereinen – süße Einhorn-Regenbogenwelpen. Und noch eine gute Nachricht: Lady Rainicorn gibt es als Actionfigur.

Lago Maggiore

Im Golf von Verbania, dem südlichen Teil des Lago Maggiore, liegt die Isola Bella, zu Deutsch: die schöne Insel. Sie gehört den Borromeos, einem alten italienischen Adelsgeschlecht. Wegen ihrer Lage und ihrer architektonischen Raffinesse galt die Insel im 18. Jahrhundert als Weltwunder.

Was ist so besonders? Die Baumeister haben den Palazzo Borromeo und die dazugehörigen Anlangen so arrangiert, dass die Insel, wenn man sich ihr mit der Fähre nähert, wie ein riesiges Schiff anmutet. Schiff? Man muss es eher als Luxusdampfer bezeichnen! Es gibt weißen Marmor, Säulen, Grotten, die über und über mit Muscheln verziert sind. Englische Gärten und barocke Anlagen voll üppiger Pflanzen. Rosen, Lilien, Malven, Oleander und Eiben. Inmitten dieser Pracht stolzieren schneeweiße Pfauen herum. Das alles auf wenig Raum, denn das Eiland ist nur 320 Meter lang und 120 Meter breit.

Über allem aber thront die Hauptattraktion der Insel: eine meterhohe Einhorn-Skulptur, die das Heck bildet und auf diejenigen herabblickt, die in den Gärten lustwandeln. Es ist die Galionsfigur der Schiffs-Insel. Das kommt nicht ohne Grund. Die Inselbesitzer Borromeo zählen zu den ersten Einhorn-Aficionados überhaupt und tragen das Fabeltier schon seit dem 13. Jahrhundert in ihrem fürstlichen Wappen.

Palazzo und Gärten können zwischen März und Oktober besucht werden. Der Eintritt kostet 16 Euro.

Lancelot

Lancelot und seine Gebrüder Galahad und Percival waren keine Ritter an König Arthurs

Tafelrunde, sondern »lebende Einhörner«! Ja, wirklich. Sie waren Ziegen, denen ein Horn aus der Mitte der Stirn herauswuchs. Eine Sensation!

Die Tiere waren die Hauptattraktion im Zirkus Ringling Bros. and Barnum & Bailey und ihrer »größten Show der Welt«, wie Plakate vollmundig versprachen. Sie waren lebendig gewordene Magie und faszinierten Kinder ebenso wie den Künstler Andy Wahrhol. Sie traten in Arenen, Late-Shows und im legendären Studio 54 auf.

Doch was hatte es mit ihnen auf sich? Röntgenbilder versicherten ihre Echtheit, dennoch wurde ihre Herkunft verschleiert. Ein Zirkussprecher behauptete: »Als wir in Houston gastieren, kam Lancelot einfach in unser Zelt spaziert.« Er sei auf mysteriöse Weise erschienen.

Doch das war reiner PR-Hokuspokus. In Wahrheit hatte der selbsternannte Zauberer Oberon Zell-Ravenheart die Fabelwesen nach der Anleitung des Einhorn-Frankensteins Dr. Franklin Dove geschaffen und einer Angoraziege eine Hornknospe an die Stelle verpflanzt, wo Esoteriker das dritte Auge vermuten.

Das Experiment gelang, aus der Knospe wuchs tatsächlich ein kräftiges Horn. 1984 ließ sich der Einhorn-Magier sein Verfahren patentieren.

Dann ging es los: In einem Zaubermantel tingelte Oberon mit seiner Kreatur über Mittelaltermessen. Dort entdeckte ihn ein Agent, der ihm und seinen Schöpfungen einen Vierjahresvertrag bei Ringling Bros. and Barnum & Bailey verschaffte. Er bekam eine halbe Million Dollar, verpflichtete sich aber, den Mund zu halten.

Die Karriere wurde jäh gestoppt, als nach zwei Jahren Tingeltangel Tierschützer Anzeige erstatten. Mit Erfolg. Die Behörden beriefen sich auf ein Gesetz von 1921, das die kommerzielle Ausbeutung von missgebildeten Tieren verbot. Lancelot kam auf einen Gnadenhof, wo er elf Jahre alt wurde. Er litt unter Depressionen. Oberon: »Er war unglücklich. Er liebte die Menge. Er war ein Showtier.«

Oberon gab daraufhin das Interesse am Einhorn-Projekt auf und eröffnete eine Online-Zaubererschule. Sein Patent lief 1991 aus. Wird jemand seine Arbeit fortsetzen?

Leningrad Cowboys

… sind eine Band, die es nicht gibt. Und dennoch gibt es sie. Kennen wir doch vom Einhorn. Der finnische Regisseur Aki Kaurismäki erfand sie für seinen Roadmovie »Leningrad Cowboys Go America« (1989). Er beschrieb in diesem Film den Weg einer fiktiven russischen Popband, die ihre Heimat verlässt und den Erfolg in den USA sucht. Als Darsteller wählte er finnische Punkrocker. Erst nach dem Erfolg des Filmes stiegen die fiktiven Balalaika-Rocker sozusagen von der Leinwand herab und materialisierten sich als echte Band. Sie tourten wirklich und nahmen auch echte Platten auf. Einige mit Charterfolg. Typisch für die Leningrad Cowboys ist ihr markantes Bühnenstyling: Alle dreizehn Bandmitglieder treten immer mit einer riesigen, kegelförmigen Haartolle auf – der Einhorn-Tolle.

Leonardo da Vinci

Im Jahre 1490 hätte Leonardo da Vinci eigentlich Besseres zu tun gehabt, als sich dem Porträt einer jungen Dame zu widmen. Er arbeitete gerade fieberhaft an einem Reiterstandbild, das sein Förderer Ludovico Sforza bei ihm in Auftrag gegeben hatte und das ihm einfach nicht gelingen wollte. Leonardo war nie ein Bildhauer vom Range seines Rivalen Michelangelo – und das wusste er auch. Er litt. In einem Anfall von Prokastination floh er für ein paar Monate vor seinen Verpflichtungen nach Pavia, an eine der ältesten Universitäten Europas, um sich mathematischen und physikalischen Studien zu widmen. Auch da kam der damals 39-Jährige nicht voran und kehrte wieder zurück nach Mailand, wo bereits Beatrice D'Este, die fünfzehnjährige Braut seines Protektors eingetroffen war. In dieser Zeit der Frustration und Verwirrung entstand eine kleine, 22 × 26 Zentimeter große Tuschzeichnung mit dem Titel »Die Jungfrau und das Einhorn«. Es ist eher eine Skizze, der Hintergrund nur grob aufgerissen, aber eins ist klar erkennbar: die Züge von Leonardos junger Dienstherrin Beatrice.

Um das Bild zu verstehen, muss man in Leonardos Schriften lesen. Für ihn ist das Einhorn das Sinnbild für »intemperanza« (O-Ton), für eine nicht näher definierte Unmäßigkeit oder eine Hemmungslosigkeit, die nur schwer zu zügeln ist und die von einer Urkraft getrieben wird.

Wer hier an Sex denkt, liegt nicht ganz falsch. Genau das zeigt das Bild. Eine Dame, die das Einhorn ausschimpft wie einen unartigen Hund. Und ein Einhorn, das seine Hintergedanken und unkeuschen Absichten nur schwer hinter der Pose vom braven Schoßhündchen verbergen kann.

Was nur steckt hinter diesem Da-Vinci-Code? Leonardo war schwul und für die Reize der jungen Herzogin nicht empfänglich. Dennoch stellt er sie in einer höchst kompromittierenden Szene dar. Wollte er seinem Dienstherren eine reinwürgen? Wer das Rätsel lösen will, muss nach Oxford fahren. Dort hängt das Bild im Ashmolean Museum.

Leonardo jedenfalls war von seiner Schaffenskrise befreit. Auch wenn er das Reiterstandbild, das so viele Zweifel in ihm aufkeimen ließ, nie verwirklichte, vollendete er noch im selben Jahr den »Vetruvianischen Menschen« und endlich, endlich auch die »Dame mit dem Hermelin«. Zwei Meisterwerke – hervorgebracht durch die Kraft des Einhorns.

Letzte Worte

»Mein Gott, mein Gott, warum hast du mich verlassen?«, ruft der gekreuzigte Jesus gegen das Donnergrollen am Himmel an. Er hat Angst, er weiß, er muss sterben, und er weiß, dass ihm selbst Gott, sein Vater, nicht helfen wird. Was ihm bleibt, ist seine Stimme und seine Wortgewalt. Reden kann der Mann am Kreuz, dieses Talent hat ihm viele Anhänger verschafft. Deshalb versucht er es: Er zitiert Psalm 22 und schildert mit diesen drastischen Worten sein Leid. Ist Gott nicht vielleicht doch noch zu erweichen, wenn er hört, welche Qualen er, sein Sohn auf Erden, erleidet? Jesus wählt Psalm 22 nicht ohne Grund. In tiefster Gottverlassenheit beschwört er ein Szenario voller gefährlicher Tiere. Wilde Stiere, Hunde, die ihn umgeben, eine böse Rotte, die ihn umringt, ein brüllender und reißender Löwe. Ein Bestiarium aus der Hölle, in dem auch das Einhorn nicht fehlen darf: »Hilf mir aus dem Rachen des Löwen und errette mich vor den Einhörnern!« (Psalm 22:21), heißt es in dem Psalm.

Aber Moment! Haben wir richtig gelesen? Das liebe, gutmütige, edle, zartfühlende Einhorn als mörderische Bedrohung für Jesus? Ein Tier, von dem der Sohn Gottes gerettet werden muss? Ja, lange Zeit galt das Einhorn als das gefährlichste Tier überhaupt. Es war so wild und unberechenbar, dass man sein Leben riskierte, wenn man sich ihm nur nähern wollte. Es war das Symbol für den sicheren Tod. Jeder hatte Angst vor ihm.

Das Einhorn in Erinnerung zu rufen ist Jesu letzter Trumpf. Aber der sticht nicht. Jesus kommt über den ersten Satz des Höllenpsalms nicht hinaus. Und Gott wird sich seiner nicht erbarmen – er hat andere Pläne mit seinem Sohn. Das ist bekannt.

Lizenz zum Töten

Seit 1971 stellt die Lake Superior State University im US-Bundesstaat Michigan Lizenzen für die Einhornjagd aus. Die Lizenz ist nicht übertragbar und lebenslang gültig. Sie muss für jedermann sichtbar und zusammen mit einem Zweig Rosmarin über dem Herzen angebracht werden.

Die Vergabe der Lizenz wird von ein paar Richtlinien begleitet, die auf der Website der Universität aufgeführt werden. Wichtige Punkte sind Jagdsaison, Jagdbeschränkungen, die Verwendung von Ködern, Tipps für optimales Jagdglück, eine Garderobenordnung und alles, was sonst noch für die Einhornjagd wichtig ist.

So wird etwa davor gewarnt, mehr als ein männliches Einhorn pro Monat zu jagen, da die Freude über das Jagdglück sonst zu einer Art mentalem Leistenbruch führen kann. Ein Natural High sozusagen. Weibliche Einhörner dürfen gar nicht gejagt werden, da man anzweifelt, dass es sie überhaupt gibt. Die Jagdsaison gilt ganzjährig und setzt nur am Vorabend des Namenstages der Heiligen Agnes aus. Die Pfeil- und Bogensaison ist vom 1. Oktober bis zum 14. November und dann wieder vom 1. Dezember bis zum 1. Januar eröffnet. Es darf sowohl tags als auch nachts gejagt werden, außer in den Stunden, in denen die Zahnfee aktiv ist. Jagduniformen müssen individuell angefertigt werden und sollen entweder in der Farbe »Mordred Red« oder in »Gawaine Green« gehalten werden – je nachdem, ob man Jäger ist oder Gejagter. Auch die Erhaltung des Bestandes ist reguliert. Sanktionen drohen erst, wenn die Einhorn-Population auf weniger als fünf Tiere pro Quadrat-Traum geschrumpft ist. Die Maßeinheit Quadrat-Traum ist nicht näher definiert.

Die Lizenz ist kostenlos, kann aber leider nicht mehr vom Server der Universität heruntergeladen werden. Das Einhorn-Revival der vergangenen Jahre und die erhöhte Nachfrage, die damit einherging, hat den Server der Universität mehrere

Male zum Absturz gebracht. Er ist nun den administrativen Angelegenheiten der Universität vorbehalten, die sich auf Management spezialisiert hat. Der Postweg ist aber immer noch offen. Anfrage an: LSSU Public Relations Office, 650 W. Easterday Ave., Sault Ste. Marie, MI, 49783, USA. Rückumschlag beilegen.

Löwe

Wenn ein Tier sich als würdiger Lebensgefährte des Einhorns erwiesen hat, dann ist es der Löwe. Natürlich hat sich ihre Beziehung über die Jahrhunderte hinweg immer wieder verändert. Mal war der eine stärker, mal der andere, eine völlig normale Entwicklung, die wohl in jeder Langzeitbeziehung vorkommt. Also noch lange kein Fall für die Paartherapie! Ja, es gab Krisen. Aber beide haben die Ups and Downs ihrer Partnerschaft immer überwunden.

Schauen wir uns das einmal genauer an.

Phase 1: Zur Zeit des alttestamentarischen Davids galten die beiden als Rivalen. Im Midrasch Tehillim treffen beide erstmals aufeinander. Die Geschichte ihres ersten Dates geht so:

Als David noch die Schafe hütete, führte er seine Herde auf einen Berg und ließ sie dort weiden. Doch der Berg erwies

sich als Ur-Einhorn Re'em. Dieses stand auf und reichte bis zum Himmel. Der verängstigte David flehte Gott an: »Wenn Du mich von diesem Einhorn herunterbringst, dann baue ich dir einen Tempel von 100 Ellen, die so groß sind wie das Horn des Einhorns.« Gott schickte einen Löwen, und tatsächlich: Als das Einhorn den Löwen sah, kniete es nieder. David konnte hinabsteigen. Nun aber befand sich David auf Augenhöhe mit dem Löwen, der ihm genauso viel Angst einflößte. Wieder rief er seinen Gott an: »Hilf mir aus dem Rachen des Löwen und errette mich von den Einhörnern!«

So entstand der berühmte Psalm 22, die letzten Worte Jesu Christi.

Phase 2: In den Naturgeschichten des frühen Christentums aber ändern sich die Machtverhältnisse innerhalb der Beziehung. Nun gilt das Einhorn als das einzige Tier, das den Löwen besiegen kann. Seine Kraft speist sich auch aus der Symbolik, die ihm zugedacht wurde. Das Einhorn als Sinnbild des Erlösers Jesus Christus. Der Löwe als Sinnbild des Teufels. Auf dem Freudenstädter Taufstein, einem Sandsteinrelief aus der Mitte des 12. Jahrhunderts, sieht man die beiden miteinander kämpfen. Ringen Teufel und Gottessohn um die Seele des Täuflings? Die Deutung liegt nahe. Und natürlich siegt das Jesus-Einhorn.

Phase 3: Schließlich wurden Löwe und Einhorn zu ziemlich besten Freunden. Man sieht sie etwa als liebevolle Partner auf den berühmten Pariser Wandteppichen »Die Jungfrau und das Einhorn«. Im Englischen Wappen ordnen sie sich gemeinsam dem Ruhme des Empires unter und bieten ein dankbares Sujet für viktorianische Gassenhauer, die im Löwen und Einhorn ein zänkisches altes Paar besingen, das sich zwar schlägt, aber auch immer wieder verträgt.

Lost in Translation

Schwarmintelligenz im alten Ägypten. Büchernarr Ptolemäus II. (308–246 v. Chr.), griechischer Herrscher auf dem Thron Ägyptens, wollte für seine Bibliothek natürlich auch die Bibel, die berühmte Schrift der Juden, haben. Er gab ihre Übersetzung beim Hohen Priester Eleazar in Jerusalem in Auftrag. Um dieser heiklen Aufgabe Herr zu werden, schickte der Gottesmann 72 Gelehrte nach Alexandria – sechs für jeden der zwölf Stämme Israels. Sicher ist sicher, wenn einer patzt, kann der andere es richten. Diese 72 Männer wurden legendär, und später spricht man von ihnen nur noch als die »Septuaginta«, die »Siebzig«. Nachdem der Pharao sich vom gottesfürchtigen und ernsthaften Charakter der Übersetzer überzeugen konnte, ließ er sie auf die einsame Insel Pharos rudern. Jeder Gelehrte bekam eine Kammer zugewiesen, der Kontakt untereinander war verboten.

72 Tage später – so die Legende – legten alle zur gleichen Zeit ihr Schreibgerät nieder und übergaben dem Auftraggeber 72 aufs Wort identische Übersetzungen.

Auch für das hebräische Wort »Re'em«, das ein kraftvolles, unzähmbares, imposantes und gehörntes Landtier bezeichnet, hatten alle 72 Auserwählten nur ein mögliches Wort gefunden, das das gesuchte Tier exakt beschreibt: μονόκερος, Monókeros, zu deutsch: Einhorn.

Ein Wunder, das nur dadurch zu erklären ist, dass Gott persönlich ihnen den heiligen Text eingeflüstert hat.

Letzte Einhorn, Das

Einhorn goes to Hollywood. Mit seinem magischen Appeal hat das Einhorn natürlich auch das Zeug zum ganz großen Moviestar. Das haben auch die Filmmogule von Los Angeles erkannt und Peter S. Beagles' Fantasyroman »Das letzte Einhorn« im Jahr 1982 für die Kinoleinwand aufbereitet. Ein

Trickfilmklassiker, der bis heute seinen Zauber entfaltet. Das Einhorn ist dabei, na klar, in der Hauptrolle.

Worum geht es?

Ein Einhorn belauscht das Gespräch zweier Jäger und erfährt so, dass es das Letzte seiner Art ist. Das bringt das Einhorn ins Grübeln. Einerseits: Es hat noch nie ein anderes Einhorn gesehen. Die Behauptung der Jäger könnte also stimmen. Andererseits: Einhörner verschwinden nicht einfach so. Ein Schmetterling erzählt ihm die ganze Geschichte: Der böse Rote Stier hat die Einhörner gejagt. Danach waren alle verschwunden. Sofort geht das Einhorn los, um den Roten Stier zu finden. Auf seiner Suche gerät es in die Fänge der Hexe Mommy Fortuna, die es in ihrer Menagerie der Kuriositäten ausstellt. Ihr Zauberlehrling Schmendrick befreit das Einhorn und macht sich mit ihm aus dem Staub. Unterwegs schließt sich ihnen noch die Räuberbraut Molly Grue an, die weiß, wo man König Haggard, den Herren des Roten Stiers findet. Die drei werden jedoch vom Roten Stier aufgespürt, der das Einhorn angreift. Im letzten Augenblick gelingt es Schmendrick, das Einhorn in eine junge Frau zu verwandeln. Damit ist es für den Roten Stier uninteressant. Das Einhorn ist – puh! – erst einmal gerettet, doch der Zauber hat auch Nebenwirkungen. Hält sich das Einhorn zu lange in einem Menschenkörper auf, wird es selbst zu einem Menschen. Auch damit wäre das letzte Einhorn tot.

Die drei müssen also weiterhin versuchen, den Roten Stier zu finden und zu töten. Deshalb schleichen sie sich bei König Haggard ein. Schmendrick bekommt einen Job als Hofnarr, Molly arbeitet in der Küche. Und als Edelfräulein Lady Amalthea erobert das Einhorn in menschlicher Gestalt sogleich das Herz des Prinzen Lír.

Auf der Burg enträtseln sie das Geheimnis vom Schicksal

der anderen Einhörner: Der depressive König hat sie alle durch den Roten Stier gefangen nehmen und ins Meer treiben lassen. Dort reiten sie zu seiner Erheiterung als See-Einhörner die Wellen.

Es gilt also, den Roten Stier zu töten. In einem furiosen Showdown, in dem der verliebte Prinz Lír stirbt, aber das geschwächte Einhorn über sich hinauswächst, gelingt es dem Einhorn, seinen tödlichen Gegner ins Meer zu treiben. Damit ist der böse Zauber des Stieres gebrochen. Die im Meer gefangenen Einhörner entsteigen in einer dramatischen Schlussszene dem Meer und bevölkern die Welt aufs Neue.

Und wenn sie nicht gestorben sind, dann leben sie noch heute. PS: In der amerikanischen Originalfassung verlieh Mia Farrow dem Zeichentrick-Einhorn ihre Stimme.

Luftnummer

Einhörner sind Einzelgänger, aber wer sommers an den Strand oder an den nächsten Baggersee fährt, kann neuerdings beobachten, wie es gleich in großen Herden vorkommt. Die Art, die sich hier zu einem Verband zusammentut, hat keine Beine, dafür aber eine regenbogenbunte Mähne, einen weißen, pferdeartigen Körper und natürlich ein goldenes Horn, das sie erst zu dem macht, was sie ist. Lautlos treiben die magischen Tiere über die Wellen … Einhorn-Luftmatratzen sind der Bestseller der Badesaison. Mit 270 Zentimetern Länge, 140 Zentimetern Breite und 130 Zentimetern Höhe hat ihr Rücken auch genug Platz für ein anderes Fabelwesen: die Badenixe. Denn zugeritten wird die scheue Spezies meist von jungen Frauen, im Alter der von Privatsendern angestrebten Zielgruppe. Auffällig ist, dass sich die Einhorn-Artgenossen gleichen, als wären sie alle aus einem Wurf. Genau genommen verhält es sich genau so: Die meisten der Tiere stammen nämlich von der

Xingtai Dashuai Trading Co. Ltd. in der Provinz Hebei im Nordosten Chinas ab. Dort gibt es viele dieser Einhorn-Klone. Nach eigenen Angaben klebt das Unternehmen pro Jahr 1,3 Millionen PVC-Einhörner zusammen. Also ganz gewiss keine Luftnummer, sondern ein Milliardengeschäft. Ein Einzelstück kostet 45 Euro, nicht billig. Aber bei einer Mindestabnahme von hundert Stück reduziert sich der Preis für ein Einhorn auf rund zehn Euro. Dafür ist der Versand kostenfrei. Aber was will man mit hundert Luft-Einhörnern machen? Ist doch logisch: Man macht sich Freunde. Viele Freunde.

M

Marco Polo

Auch der bekannteste China-reisende des 13. Jahrhunderts hat ein Einhorn gesehen. Marco Polo, Sohn eines Diamanten-händlers aus Venedig, hat es zumindest behauptet. Genau das wurde aber auch von ihm erwartet. Denn ein Einhorn war das Mindeste, was in einem Reisebericht dieser Zeit auf-tauchen musste. Es war so zwingend wie die Schilderung von Menschenfressern (check), unschätzbaren Reichtümern (check), sagenhaften Goldschät-zen (check) oder willfährigen Damen, die zu allen Vergnü-gungen bereit sind (check). Tiere, Menschen, Sensationen – das war der Kanon, mit dem man sein Publikum in Atem hielt. Wenn nicht ein Fabulier-künstler wie Marco Polo die ungeschriebenen Regeln des Genres kannte, wer dann? Seine Bücher waren nach heutigen Verhältnissen Bestseller.

Doch bei aller Fantasterei, die Schilderung von Polos erster Begegnung mit einem Einhorn klingt ausgesprochen wirklich-keitsnah. In »Il Milione« heißt es:

»Auf Klein-Java leben viele wilde Elefanten und Einhörner, die kaum kleiner als Elefanten sind. Ihr Fell gleicht jenem der Büffel, und Füße haben sie wie Elefanten. Mitten aus der Stirn wächst das dicke schwarze Horn. [...] Das Einhorn hat einen Kopf wie ein wilder Eber und neigt ihn unverwandt bodenwärts. Mit Vorliebe hält es sich im Morast und im Schlamm auf. Zum Ansehen ist es ausgesprochen hässlich. Diese Tiere haben mit unsern Einhörnern gar nichts gemein, von denen man ja erzählt, sie ließen sich von Jungfrauen ein-fangen. Von diesen Tieren ist in allen Beziehungen das Gegen-teil zu sagen.«

Wahrheit oder Dichtung? Es spricht vieles dafür, dass Polo das Sumatra-Nashorn gesehen hat. Auf Sumatra machte er Halt, als er die Gelegenheit nutzte, sich aus dem Dunstkreis des allmächtigen mongolischen Großkhan Kublai Khan zu entfernen, der ihn gefangen hielt. Er schlug vor, dessen schöne Tochter, die Prinzessin Kokachin, auf ihrer Brautfahrt zum persischen Fürsten Arghun zu begleiten. Ach, ja, märchenhaft schöne Prinzessinnen mussten auch in Reiseerzählungen vorkommen. Check.

Maria Stuart

Bei ihrer Geburt im Jahre 1542 in Schloss Linlithgow wurde die kleine Thronanwärterin von dem Geplätscher des Einhorn-Brunnens begrüßt, der im Innenhof des Schlosses stand. Ihre Krönung feierte sie 1543 unter dem Schutz des Einhorns, das über der großen Halle des Schlosses Stirling wacht. Zwei ihrer drei Hochzeiten – 1565 mit Lord Darnley, 1567 mit dem Earl of Bothwell – feierte sie im Holyroodhouse Palace, auf dessen Eingangsportal ein imposantes Stein-Einhorn sitzt, das jeden Gast willkommen heißt. Und in Edinburgh Castle, wo Maria bis zu ihrer Abdankung im Jahr 1567 residierte, konnte sie beim abendlichen Kartenspiel zwei Einhörnern mit ausdrucksvollen Brauen in die Augen blicken.

Maria wurde fast die ganze Zeit ihres Lebens von Einhörnern eskortiert. Wir wissen nicht, was schiefgegangen ist, aber Maria Stuart ist der einzige Mensch, dem Einhörner kein Glück gebracht haben. Vielleicht ist sie die Ausnahme, die die Regel bestätigt.

Marshmallow

Einhorn wird manchmal auch zu Schaum geschlagen. Wir kennen diese Erscheinungsform als fluffiges, weiches Marshmallow. Die gibt es zwar überall zu kaufen, Marshmallows kann man aber auch selbst herstellen. Diese Tradition ist fast so alt wie das Einhorn selbst und stammt aus dem alten Ägypten. Nur die Zutatenliste hat sich geändert. Ursprünglich nahm man echten Eibisch als Hauptbestandteil. Daher kommt auch der Name. Im Englischen nennt man den echten Eibisch auch Sumpf-Malve, übersetzt Marsh Mallow – so kam er in aller Munde.

Die Süßigkeit diente einst medizinischen Zwecken. Sie wurde bei Entzündungen in Mund und Rachen und bei Husten verabreicht. Der Zucker half, die bittere Medizin zu schlucken.

Einhorn-Marshmallows haben keinen medizinischen Effekt, sondern wirken nur auf die Sinne. Sie sind bunt, lustig, und sie selbst herzustellen macht großen Spaß. Idealerweise formt man sie zu Einhorn-Hörnern. Das gelingt nicht jedem. Anfänger begnügen sich mit Einhorn-Würfeln.

1. Man nehme 100 Milliliter Wasser und löse darin etwa 3 Esslöffel Agar-Agar und 3 Teelöffel Vanillearoma auf. Und einen Hauch Erdbeeraroma. Eine Stunde ruhen lassen.

2. In der Zwischenzeit 175 Milliliter Reissirup, 375 Gramm Puderzucker, 100 Milliliter Wasser und eine Prise Salz bei geschlossenem Deckel aufkochen und anschließend bei etwa 110 Grad einkochen lassen.

3. Die Agar-Agar-Masse in einem Mixer zu Schaum schlagen. Anschließend den heißen, klebrigen Zuckersirup langsam hinzufügen. So lange schlagen, bis eine schaumige, weiche, wolkige Masse entsteht – der Marshmallowfluff. Etwas naschen.

4. Die Masse in vier Teile teilen, in drei der Teile wenige Tropfen rote, gelbe und blaue Lebensmittelfarbe hinzufügen, sodass ein pastelliger Ton entsteht.

5. Die Masse auf einem eingeölten Backblech schichten und über Nacht trocknen lassen.

6. Die trockene Schaummasse in Würfel schneiden und in essbarem Glitzer wälzen.
7. Essen.
8. Den Vorgang so oft wiederholen, bis man nicht mehr kann (siehe auch: Kotzendes Einhorn).

Martin Luther

Martin Luther und die Bibel. Wie wir alle wissen, hat er den Text der lateinischen Vulgata ins mittelalterliche Deutsch übersetzt. Die Bibelstellen des Ursprungstextes, an denen das Wort »unicornis« vorkam, übertrug er buchstabengetreu mit dem Wort »Einhorn«. Womit auch sonst? Er festigte damit den mittelalterlichen Volksglauben an das Einhorn als Sinnbild des Erlösers Jesus Christus. Aber er schuf damit

auch die Grundlage einer Einhorn-Faszination, die bis in das 18. Jahrhundert andauerte.

Erst 1779 entlarvte der Schriftgelehrte Heinrich Sander in seinem Buch »Vom Einhorn, besonders vom Einhorn in der Bibel« Luthers Interpretation als Übersetzungsfehler.

Wie gemein und wie falsch! Denn Übersetzungsfehler hin oder her, er kann auf keinen Fall Luther zugeschrieben werden. Der Fehler, so wir ihn denn als Fehler anerkennen wollen, war ja in seinem Ausgangstext schon vorhanden. Das lateinische »unicornis« heißt nun einmal wörtlich »Einhorn« und ist eine Übersetzung aus dem Griechischen »monókeros«, was ebenfalls Einhorn heißt.

Neuere Bibelübersetzungen wie die Elberfelder (1855) oder die Schlachter-Bibel (1905) holen den hebräischen Originaltext heran, um Luther zu widerlegen. Sie übersetzen das Ursprungswort der hebräischen Bibel, »Reʼem«, mit »Büffel«, »Wildstier« oder »Wildochs«. Wie traurig. Denn mit ihren Neuinterpretationen rotten die Übersetzer das Einhorn auch in der Bibel gnadenlos aus.

Martin Walser

Martin Walsers Roman »Das Einhorn« (1966) ist assoziativ und essayistisch und erhebt das Abweichen vom Thema geradezu zum Prinzip.

Die Handlung: Der 42-jährige Anselm Kristlein, der Held aus Walsers vorhergehendem Roman »Halbzeit«, ist nun nicht mehr nur Handelsvertreter und Werber, sondern auch Romanautor. Er soll über die Liebe schreiben. Anselm ist zwar verheiratet und Vater, gesteht sich aber ein, dass er wenig über die Liebe weiß. Er nähert sich dem Thema eher auf praktische Weise. Auf einer Party – die im Roman neunzig Seiten einnimmt – verknallt er sich in Orli. Er macht's auch mit Rosa, mit Melanie, mit Barbara und Marie, um dann doch wieder ins Bett seiner Ehefrau Birga zurückzukehren.

Das sind Äußerlichkeiten. Martin Walser geht es um den inneren Konflikt. Die Handlung, so man sie denn so nennen kann, ist nur Vorwand für die großen Fragen, die sich seinem (Anti-) Helden aufdrängen, der Züge des Autors trägt. Es geht um das Wesen der Liebe, der Ehe, der Gesellschaft, der Kultur. Die DDR, die Itaker, die Politik. Und es geht um Sex.

Das Einhorn dient ihm dabei als Sinnbild für die fleischlichste aller Deutungen. Hören wir hin: »Ich glaube, so eine Erwartung ist dem Gegenteil von Interesse sehr ähnlich. Wenn ich sie sättigen will mit irdischem Angebot, nimmt sie davon nicht Notiz. Offenbar will sie lieber wachsen als gesättigt werden. Was willst du eigentlich, schrei ich mit der innersten Stimme. Aber meine Erwartung, dieses wirkliche Einhorn, lässt sich nicht befragen. Sie befiehlt mir nicht: Jetzt geh dahin und beiß der violetten Blondine das Ohr ab, dieses Ohr ist es, worauf ich aus bin mit dem gerade nicht gewendelten Horn.«

Wir müssen nicht drumherum reden: Walsers »Das Einhorn« fiel bei der zeitgenössischen Literaturkritik komplett durch. Da half auch der einnehmende Titel nichts.

Mätresse

Warum Diana von Poitiers im Leben des späteren französischen Königs Heinrich II. eine so hohe Stellung einnahm, birgt keine Fragen. Jeder bei Hofe wusste: Schon seit ihrem ersten Treffen war es um ihn geschehen. Da war er sieben Jahre alt und sie schon 26. Und sie gab ihm seinen ersten Kuss …

Rätselhafter hingegen ist ein Gemälde, das der Maler Francois Clouet um 1560 dem Hofe präsentierte. »Die badende Dame« zeigt eine barbusige Frau, ein Kind, eine Amme mit Säugling, im Hintergrund eine Magd mit Krug. Aber was stellte diese Szene dar? Diana in ihren verschiedenen Rollen?

Mal stillend, mal verspielt, mal dienend, mal verführerisch? I'm every woman? Sie war für Heinrich Nanny, Vertraute, Erzieherin, Lehrerin, Freundin, Geliebte, Ratgeberin und BFF. Zum Zeitpunkt, als das Bild angefertigt wurde, war Diana schon über sechzig Jahre alt. Ihre Anziehungskraft wird schon seit Jahren verblasst gewesen sein. Oder war sie gar die Auftraggeberin, die mit diesem Bild ihren Gönner bei Laune halten und schöne Erinnerungen ins Gedächtnis rufen wollte?

Vielleicht bringt eine Figur Licht ins Dunkel, die der Betrachter erst auf den zweiten oder gar dritten Blick entdeckt: Im hinteren Teil des Bildes versteckt sich nämlich ein strahlend weißes Einhorn. Stellte man es zu Dianas Lebzeiten auf einem Gemälde zusammen mit einer Frau dar, galt es als das gängige Symbol für weibliche Tugend, Reinheit und Keuschheit. Ein Sinnbild für die Mutter Maria.

Tugend? Keuschheit? Maria? Diana galt als die weibliche Sünde in Person. Und doch zeigt das Bild gerade die Raffinesse von Diana, die sich einerseits entblößt und andererseits zu einem Selbstporträt als sehr weltliche Maria mit Einhorn hinreißen lässt. Nicht wenige bei Hofe werden bei dieser Anspielung geschmunzelt haben.

Meereseinhorn

Der Narwal ist das einzige Säugetier, das die Erwartungen einlösen kann, die Einhorn-Aficionados weltweit an das von ihnen verehrte Tier herantragen. Das geht schon seit dem Mittelalter so. Denn so man das mythische Einhorn zu Lande lediglich im Reich der Fabel antreffen konnte, war die Existenz des Narwals durch Aufzeichnungen von Seefahrern gesichert. Dieses märchenhafte Tier, so berichteten sie, kam in den Meeren vor Island und Grönland und anderen nördlichen Inseln vor. Besonders der Bulle zog die

Aufmerksamkeit auf sich. Er bot nicht nur mit seinen fast anderthalb Tonnen Gewicht eine imposante Erscheinung. Auch seine vier Meter Körperlänge waren beeindruckend, zumal sie sich quasi schwerelos durchs Wasser bewegten. Er trug auf der Spitze seines Kiefers einen riesigen, drei Meter langen, schneckenförmigen Zahn. Genau so, wie man es in den mittelalterlichen Zeichnungen vom Einhorn kannte!

Sein seltenes Vorkommen ummantelte den Narwal lange mit der gleichen fabelhaften Aura, die man dem Einhorn zuteilwerden ließ. Denn nur wenn der Säuger strandete, kam man an das begehrte Elfenbein heran – von dort aus gelangte es in die Schatzkammern der mittelalterlichen Fürsten und Würdenträger. Die Franzosen nannten es voller Ehrfurcht »licorne de mer«, das Meereseinhorn. Ihm wurden sagenhafte Heilkräfte zugeschrieben, sein Besitz galt als Luxus.

Erst als die dänische Kaufmannschaft im 16. Jahrhundert die Handelswege nach Grönland und nach Spitzbergen erschloss, wurde man sich bewusst, dass das Meeres-Einhorn sehr viel häufiger vorkommt, als gedacht. Es war sein Schicksal. Denn als taugliche Alternative zum Land-Einhorn wurde es stark bejagt und sein Horn mit hohen Gewinnspannen verkauft. Heute fällt das Tier unter das Washingtoner Artenschutzabkommen.

Melrose (Market) Place

Wer in dem schottischen Städtchen Melrose die leicht abschüssige Dingelton Road in Richtung Kloster läuft, dorthin nämlich, wo viele schottische Könige ihre letzte Ruhestätte gefunden haben, muss zwangsläufig den Marktplatz passieren. Dort steuert man direkt auf einen achteckigen Steinsockel zu, aus dessen Mitte eine Säule hervorragt, die von einem sitzenden Einhorn gekrönt wird. Dieses wacht seit dem 12. Jahrhundert über das Treiben auf dem drunterliegenden Marktplatz. An diesem Ort wurden nicht nur Waren und Neuigkeiten ausgetauscht, sondern auch neue Erlasse proklamiert und Kriminelle bestraft, die am Sockel angebunden und öffentlich gedemütigt und gefoltert wurden. Nicht wenige starben unter den Blicken des sensationsgierigen Mobs.

Die gleiche Route nimmt J.K. Rowling alias Robert Galbraiths Romanheld Cormoran Strike in »Die Ernte des Bösen«. Er sucht einen Kinderschänder und Mörder. Auch der hartgesottene Strike erschauert angesichts des Einhorn-Prangers, aber er kann nicht umhin, seinem Bösewicht genau die bestialische, mittelalterliche Prozedur an den Hals zu wünschen, die ihm selbst Angst bereitet. Er selbst darf nur mit Handschellen und Haft

drohen. Zu wenig für einen Kinderschänder, findet Strike.

Micky Maus

Auch die berühmteste Maus der Welt hat das Vergnügen, ein Einhorn zu treffen. In der Episode »Der Ring der Güte« rettet Micky nicht nur das reinste aller Fabeltiere vor dem Tod. Er bekommt auch noch die Prinzessin!

Und die Geschichte beginnt so: Lord Bertram Schwarzherz hat sich zum Ziel gemacht, der böseste Despot zu sein, den die Welt jemals gesehen hat. (Eigenauskunft.) Dafür muss er das Einhorn töten, das in der Welt das Gute verkörpert. Doch den Aufenthaltsort des Tieres kennt nur die Prinzessin Minni. Schwarzherz hat schon ihren Vater gefangen genommen, aber der schweigt. Darum schickt der Fürst der Finsternis seine Häscher los. Sie sollen Minni gefangen nehmen und zu ihm bringen.

In der Zwischenzeit: Durch Zufall kommen Ritter Micky und sein Freund, der Narr Goofus, an Minnis Burg vorbei. Minni vertraut sich den beiden an, und Ritter Micky beschließt, den Vater zu befreien. Auf dem Weg dorthin enthüllt Minni ihm das Geheimnis ihres Ringes der Güte. Wenn man an ihm dreht, erscheint das letzte lebende Einhorn. Dummerweise haben Schwarzherzens Häscher die Geschichte mitgehört. Sie nehmen Minni gefangen, entreißen ihr den Ring und werfen ihn in den Jadesee. Nun ist das Gute aus der Welt verbannt. Denn alles wird zu Eis, und das Einhorn stirbt. Der zu Eis erstarrte Micky bleibt zurück, während Minni von den beiden Häschern entführt wird. Aber Micky erwacht, stürmt zur Burg und rettet das Mädchen. Aus Dank nimmt sie seinen Heiratsantrag an. Und weil das noch nicht romantisch genug ist, retten beide noch das sterbende Einhorn. Schön! Denn auf ihm werden sie gemeinsam in ihre Flitterwochen davonreiten. Einhorn gut, alles gut.

Die Episode erschien erstmals 1967 im Band »Der Wüstenwurm«, Nummer 192 in der Reihe Walt Disneys Lustige Taschenbücher. Er war so erfolgreich, dass er 1994 noch einmal neu verlegt wurde.

Milliarde Dollar, Eine

Unternehmen mit einer neuen, meist IT-basierten und noch nicht vergleichbaren Geschäftsidee und schnellem Wachstum gibt es viele. Diejenigen aber, deren Wert auf mindestens eine Milliarde Dollar geschätzt wird, sind so selten wie Einhörner. Deshalb nennt man diese Start-ups auch Unicorns.

Der Club of Unicorns zählt derzeit um die 222 Mitglieder. Zusammen sind sie rund 775 Milliarden Euro wert (Stand: Januar 2018).

Die meisten dieser Unicorns haben ihren Sitz in den USA, dabei hat Kalifornien die größte Einhorn-Population. Allein hier gibt es 62 One-Billion-Dollar-Babys. Die Teuersten: der Fahrtenvermittlungsdienst Uber (ca. 68 Milliarden Dollar), Airbnb (ca. 29 Milliarden Dollar) und Pinterest (ca. 12,3 Milliarden Dollar).

Auf die USA folgen im Wirtschafts-Einhorn-Ranking China, Indien und England. Es gibt sogar vier deutsche Einhörner. Das Kostbarste ist die Firma Ottobock aus Göttingen. Der Prothesenhersteller ist 3,5 Milliarden Dollar schwer.

Nun könnte man anhand der Liste den Eindruck gewinnen, dass Unicorns gar nicht so selten sind, wie man es uns weismachen möchte. Diese Einschätzung ist nicht ganz unangebracht. Denn die Anzahl der Unicorns steigt rapide, weil Kapitalgeber wegen niedriger Zinsen lieber direkt in aufstrebende Unternehmen investieren, als an der Börse zu spekulieren. Investment in Einhörner, das rentierte sich schon im Mittelalter.

In der angelsächsischen Finanzwelt gab es deshalb die Idee, den Club der Decacorns, der Zehnhörner, zu gründen. Als

Mitglieder können nur Firmen mit mindestens zehn Milliarden Dollar Bewertung aufgenommen werden. Diese Idee hat sich aber nicht durchsetzen können. Kein Wunder, denn wie heißt es so schön: Wenn du ein Einhorn sein kannst, sei ein Einhorn!

Minnesang

Mittelalter. Wenn im Winter die Kampfhandlungen ruhten und die Fürsten sich auf ihre Burgen zurückzogen, herrschte hinter dicken Mauern Männerüberschuss. Die Enge, die Kälte, das Bedürfnis nach Behaglichkeit. Und die Hormone. Das alles hätte zu zwischengeschlechtlichen Komplikationen, genauer: zu Übergriffen führen können. Doch das frühe Mittelalter hat eine besonders liebliche Form gefunden, das geballte Bedürfnis nach männlicher Paarungsbereitschaft in kulturellen Wettstreit umzulenken. Es schwor auf den Minnesang. Wenn schon nicht zwischen den Laken, so konnte man seinen

erotischen Drang zwischen den Zeilen austoben. Und nicht nur da. Manchmal waren die Reime so deutlich, dass man auf Tonträgern den Hinweis »Parental Advisory – Explicit Lyrics« hätte aufbringen müssen – hätte es seinerzeit schon CDs gegeben. Mit gelocktem Haar und wohlgeformten Lippen waren eben nicht immer nur das Haupthaar und der Mund gemeint. Tannhäuser als Bushido des Mittelalters! Wer die Liedtexte des Minnesängers liest, wird gewisse Ähnlichkeiten im Habitus nicht abstreiten. Das Einhorn mit seiner anspielungsreichen Symbolik war in dieser Kunstform ein beliebtes und immer wiederkehrendes Motiv. Man konnte stellvertretend für die Dame, deren Vorzüge man besang, ihre holden Eigenschaften hervorheben – Edelmut, Reinheit, Schönheit – und doch gleich das Horn ins Spiel bringen, das auf weniger holde Ansinnen hinwies. Es war üblich, seiner Verehrten ein sogenanntes Minnekästchen zu überreichen, das kleine Geschenke enthielt und gewöhnlich mit Einhornschnitzereien verziert war.

Dietmar von Aist, einer der gefragtesten Minnesänger des Mittelalters, der Mitte des 12. Jahrhunderts entlang der Donau tourte und in überfüllten Burgsälen spielte, trug das Einhorn sogar in seinem Wappen.

Miszelle

Ein kleines Fundstück. Ein Vierzeiler. Von wem mag er sein? Von Christian Morgenstern? Heinrich Heine? Joachim Ringelnatz oder Heinz Erhardt? Frech genug wären sie alle. Und Humor hatten sie auch. Doch wir wissen es einfach nicht und hoffen, dass Verfasser oder Verfasserin sich outen.

Er kannte auch ein Einhorn,
Das hatte gar kein Horn.
Es war auch ganz entsetzlich brav,
Ich glaub, es war ein Schaf.

Moby Dick

Mit Captain Ahab hat der amerikanische Schriftsteller Herman Melville (1819–1891) einen vierschrötigen Kerl geschaffen, der sich nicht nur mit Wind und Wetter, Wasser und Meerestieren auskennt, sondern auch ordentlich Seemannsgarn spinnen kann – so wie es sich für einen echten Seebären gehört.

Melville ist selbst viele Jahre zur See gefahren. Er heuerte als Schiffsjunge auf einem Postschiff an, als Navy-Soldat auf einem Kriegsschiff – von dem er desertierte – und als Leichtmatrose auf einem Walfänger. Er wusste, was man sich an Bord erzählte, wenn kein Land in Sicht war. Legenden von Ungeheuern und Kuriositäten, abenteuerliche Geschichten mit wahrem Kern. Das alles legt er Captain Ahab, dem Helden seines Weltromans »Moby Dick oder Der weiße Wal« (1851) in den Mund. Es liest sich so: »Den Narwal habe ich auch schon Stoßzahnwal, Hornwal oder See-Einhorn nennen hören. Er ist entschieden ein merkwürdiges Beispiel des überall im Tierreich vorkommenden Einhornwesens. Aus gewissen alten Schmökern kommt uns die Kunde, dass das Horn eben dieses See-Einhorns vor Zeiten für ein äußerst wirksames Gegengift angesehen wurde, weshalb es in mannigfacher Zubereitung ungeheure Preise erzielte.«

Auch auf das berühmte Einhorn der Königin Elisabeth i. kommt Ahab zu sprechen und lacht sich angesichts dieses Einhorn-Irrsinns in seine Schifferkrause.

Doch egal, wie aberwitzig die Geschichten vom Einhorn und See-Einhorn aus seiner Sicht auch waren, Seemannsgarn konnte man aus ihnen reichlich spinnen.

Monster

Das Einhorn war keineswegs immer schon das edelmütige Glitzerwesen, das wir heute kennen. Im Gegenteil. Es hat eine Vergangenheit hinter sich, die es aus guten Gründen verschweigt und im Lebenslauf elegant überspringt. Denn es zählte einst zu den blutigsten Monstern, die es in der Tierwelt gibt.

Der römische Dichter Gaius Julius Solinus hat – ungefähr in der Mitte des 3. Jahrhunderts nach Christus – den bösen Charakter des Einhorns offengelegt. In seiner Schrift »Die Wunder der Welt«, einem pseudo-dokumentarischen Reisebericht über die wundersame Fauna des Mittelmeers und Indiens, beschreibt er das Einhorn als das schlimmste aller kuriosen Geschöpfe. Ein Tier, das einem das Fürchten lehrt.

Das will was heißen, denn Solinus erzählt von Menschenfressern sowie von Wundervölkern, die ohne Kopf geboren sind und die Augen auf der Brust tragen, und von Gestalten mit drei Zahnreihen. Das Einhorn aber belegt er mit dem Superlativ »atrocissimus« – was auf Deutsch, je nach Zusammenhang, »das Wildeste« oder »das Blutigste« heißen kann. Solinus hat diese Doppeldeutigkeit bewusst eingesetzt. Lauschen wir seiner Beschreibung:

»Aber das Schrecklichste aller Ungeheuer ist das Einhorn, ein entsetzlich brüllendes Monstrum, mit dem Körper eines Pferdes, den Füßen eines Elephanten, dem Schwanz eines Schweines, dem Kopf eines Hirschen und einem Horn in der Mitte der Stirn, das merkwürdig glänzend herausragt, etwa vier Fuß lang ist und alles durchbohrt, worauf es stößt. Lebendig kommt es niemals in die Gewalt des Menschen, denn weil es alles aus dem Weg räumt, kann es nicht gefangen werden.«

Mensch, unser Einhorn! Wer hätte das gedacht?

Mosaik

Die Kathedrale von Otranto, an der Absatzspitze des italienischen Stiefels in Apulien gelegen, beheimatet gleich zwei Wunder. Eines der beiden wird seit Jahrhunderten von unzähligen Pilgern mit den Füßen getreten. Denn auf dem Weg zu den Reliquien der heiligen achthundert Märtyrer von Otranto, die sich 1480 während des Türkensturms lieber das Leben nahmen, als dem Christentum abzuschwören, übergehen die Heilsuchenden – wortwörtlich – ein vielleicht schöneres, bestimmt aber älteres Mirakel. Auf 57 mal 28 Metern, also auf 1596 Quadratmetern, entwarf im Jahre 1163 der Mönch Pantalone einen Aufriss aller bekannten Erzählungen und schuf daraus einen Mosaikboden, der zum Panoptikum der Mythen geworden ist. Pantalone hatte nichts Geringeres vor, als das gesamte Wissen seiner Zeit in einem weltumspannenden Kosmos zusammenzufassen. In über zehn Millionen Mosaiksteinen, die den Boden der Kathedrale schmücken, versammelte er römische, griechische, byzantinische Legenden, erzählte von langobardischen und

germanischen Göttern, ent-
führte in die französisch-nor-
mannische Zeit und schöpfte
aus orientalischen Traditionen.
Jede Geschichte ein Bild, es sind
viele Bilder geworden.
Drei Jahre hat er für seine
Arbeit gebraucht. Wer die Kathedrale betritt und zur Krypta
läuft, findet Löwen, Stiere,
Fuchs, Schlangen und Elefanten. Wale und Delfine, Affen,
Ziegen und Hunde, Ritter und
Rösser, Schaf und Wölfe. Einen
Kater mit Stiefeln, einen Esel
mit Harfe, einen Faun mit
Trompete, einen Nackten mit
Eselskopf. Adam und Eva. Königin Saba und König Arthur.
Alexander den Großen, der
sich mit Hilfe eines Greifs in
die Lüfte schwingen will, und
die Turmbauer zu Babel. Und
mittendrin in dieser Zusam-
menschau der Welt, wenn man
reinkommt hinten links: unser
kleines Einhorn. Aber wen
interessiert das schon, wenn
man auf dem Weg zu einem
Reliquienwunder ist?

Nacht

Traumfänger sind ein Kult-
objekt der amerikanischen
Ureinwohner. Sie hängen über
dem Bett. Die bösen Träume
verfangen sich darin wie in
einem Spinnennetz, die guten
entweichen in den Himmel.
Neuerdings werden diese Mobi-
les mit Einhorn-Power auf-
gerüstet. Die Netze sind nicht
mehr rund, sondern zeichnen
das Profil des schönsten aller
Fabeltiere nach. Ein optimales
Upgrade. Denn Einhörner sind
Schutzpatronen des Schlafes.
Sie wehren Dämonen ab und
nehmen die Angst vor der Dun-
kelheit. Gute Nacht!

Nationalfeiertag

Eine schottische Web-Initiative
zur Bestimmung verrückter

Nationalfeiertage hat mittels Online-Abstimmung, Zufalls-generator, Glitzerstaub und Unicorn-O-Mat den »National Unicorn Day« gevotet und ihn auf den 9. April festgesetzt. Dies Datum gilt nur für Schottland und wird jährlich gefeiert.
Es wird empfohlen, an diesem Tag dem Einhorn auf alle möglichen Arten zu huldigen. Die einen backen für die Kollegen regenbogenfarbene Cupcakes, andere wiederum trinken schon zum Mittag den Einhorn-Whisky der Destille Fettercairn. Oder man macht Fotos vor einer der vielen Einhorn-Statuen, die es überall in Schottland gibt.
Erlaubt ist, was bunt ist und Spaß macht. Etwa einem Highland-Pony ein Papier-Horn aufsetzen. Hauptsache es entstehen viele Selfies mit Einhorn, die man teilen und liken kann, damit die frohe Kunde verbreitet wird. Denn darum geht es beim Einhorn-Gedenktag. Man will ihn, den medialen Hype um das Horn. Global.

Naturgeschichte

Die Römer nannten das Einhorn Unicornis. Uni heißt ein, cornis kommt von cornu: das Horn. Es grast nur am Rande der römischen Mythologie, nimmt aber einen bedeutenden Platz bei den Bestien ein. Die waren wichtig, denn in den Kampfarenen hetzte man gerne allerlei gefährliche Tiere gegeneinander. Und ergötzte sich an ihrer Exotik.
Plinius der Ältere hat sich in seinem 37 Bände umfassenden, enzyklopädischen Werk »Naturalis historia« (zu Deutsch: Naturgeschichte) neben Ausführungen über Zoologie, Kosmologie, Mineralogie und Botanik den Bedürfnissen seines Publikums entsprechend auch der Kategorisierung von Bestien und Ungeheuern zugewandt. Dort finden wir auch das Einhorn. Der weit gereiste römische Offizier schreibt über die Tierwelt in Indien: »Das strengste Tier soll das Einhorn seyn: dies ist am übrigen Leibe einem Pferde gleich, am Kopfe

einem Hirsche, an den Füßen dem Elephanten, am Schwanze dem wilden Schweine, hat ein verdrießliches Gebrülle und vorne mitten auf der Stirne ein zweyey Ellen langes hervorragendes schwarzes Horn.« Diese Beschreibung machte sein illustres Publikum natürlich neugierig und ließ die Frage aufkommen, warum so ein aufregendes Tier nicht wie Löwe, Nashorn, Eleſant und Gepard in den Arenen vorgeführt wird. Solche Ansinnen aber wehrt Plinius der Ältere mit einem Nachsatz ab. Der heißt: »Lebend soll man dieses Tier nicht fangen können.« Damit schloss er einen Auftritt im Kolosseum geschickt aus.

Naturkundige, Der

Das, was die altgriechische Schrift »Physiologus« (zu Deutsch: der Naturkundige) an PR für das Einhorn geleistet hat, hätte die beste Werbeagentur der Welt nicht zustande gebracht. Die geniale Kampagne förderte nicht nur das positive Markenimage des schönsten aller Fabeltiere. Sie verbreitete ihre Werbebotschaft so eindrücklich, dass sie bei ihrer Zielgruppe zur Gewissheit wurde: Das Einhorn existiert. Welch ein PR-Stunt! Unbezahlbar.

Der Trick war einfach. Der »Physiologus« gibt sich vordergründig als Lexikon für Tiere aus. In den einzelnen Kapiteln werden Aussehen, Charakter und Verhalten der Tiere dargestellt. Die Texte sind in einem für die Entstehungszeit üblichen wissenschaftlichen Modus gehalten. Für das Gesagte steht ein Gewährsmann gerade, der jedes Kapitel einleitet und jedes Kapitel beendet: der titelgebende Physiologus, der Naturkundige. Und zwar so: »Der Physiologus sagt von …« Hier kommt der Name des Tieres. Zum Schluss steht die Formel »Wohlgesprochen hat der Physiologus über …« Hier kommt wieder der Name des Tieres.

Der Physiologus wird auf diese Weise als unantastbare Autorität eingeführt. Lange rätselte man darüber, wer sich hinter dem Pseudonym wohl verbirgt. Es fielen gewichtige Namen wie Aristoteles oder der heilige Basilius, Bischof von Caesarea, ein Kirchenvater aus dem 4. Jahrhundert.

Aber auch diese Spekulationen gehörten zum PR-Coup der anonymen Verfasser. Sie gaben dem Text Gewicht und trugen die Botschaft von Generation zu Generation weiter. So kam es, dass die Schriftensammlung, die vermutlich im 2. Jahrhundert nach Christus entstanden ist, immer wieder kopiert und erweitert wurde und bis ins 14. Jahrhundert allen Gelehrten als Standardwerk diente.

Dabei ging es beim Physiologus gar nicht um Tiere und die Natur. Das war nur der Schein. Der Physiologus erzählte in Wahrheit die größte Geschichte, die frühchristliche Missionare, die als Verfasser gelten, zu erzählen haben: Die Heilsgeschichte Jesu Christi. Hinter jeder Tiergeschichte verbergen sich moralische Erzählungen mit christlicher Botschaft, die für den neuen Glauben werben sollten.

Hier kommt das Einhorn ins Spiel. Es hatte den besten Job von allen Tieren und wurde Testimonial für Jesus höchst persönlich. Wie sich das anhört? So:

VOM EINHORN.

Der Physiologus sprach vom Einhorn, dass es eine solche Eigenart habe: Ist ein kleines Tier, ähnelt einem Zicklein, hat aber einen gar scharfen Mut. Nicht vermag der Jäger ihn zu nahen darum dass es große Kraft hat.

Ein einzig Horn hat es, mitten auf dem Haupte. Wie aber wird es gefangen? Man legt ihm eine reine Jungfrau, schön ausstaffiert in den Weg. Und da springt das Tier in den Schoß der Jungfrau, und sie hat die Macht über es, und es folgt ihr, und sie bringt es ins Schloss zum König.

Dies wird nun übertragen auf das Bildnis des Heilands. Denn

es wurde aufgeweckt aus dem Hause David das Horn unseres Vaters und wurde uns zum Horn des Heils. Nicht vermochten die Engelsgewalten ihn zu bewältigen, sondern er ging ein in den Leib der wahrhaftig und immerdar jungfräulichen Maria, und das Wort ward Fleisch, und wohnete unter uns.

Ja, Jesus wohnt unter uns wie das Einhorn. So lautete die Botschaft. Welcher Gläubige der damaligen Zeit hätte also jemals die Existenz des Einhorns anzweifeln können?

New York

Wer die A-Linie in Richtung Norden nimmt und an der Metrostation 190th Street aussteigt, erblickt inmitten eines kleinen, auf einem Hügel künstlich angelegten Wäldchens ein Kloster im gotischen Stil, das eines der schönsten Einhorn-Schätze beherbergt, die das Mittelalter hervorgebracht hat: Wandteppiche, die von der mystischen Einhorn-Jagd erzählen.

Eins vorweg: Die MOMA-Filiale The Cloisters (auf deutsch: Die Kreuzgänge) ist kein echtes gotisches Kloster, sondern – typisch amerikanisch – eine Klosterfantasie, ein mittelalterliches Disneyland mit Originalsteinen. Sie besteht aus mehreren alten Sakralgemäuern, die in Frankreich sorgfältig abgetragen und hier neu arrangiert und zusammengesetzt wurden. Die Kosten übernahm John D. Rockefeller, Jr., ein Sohn des Benzinmoguls, im Jahre 1925.

Aus seiner Sammlung stammt auch die siebenteilige Einhorn-Serie flandrischer Wandteppiche, die um 1490 entstanden sind und wohl zu den Hauptattraktionen des Museums zählen. Die kostbaren Millefleurs-Tapisserien werden der Prinzessin Anne von Bretagne zugeschrieben, die sie zur Feier der Hochzeit mit Ludwig XII., König von Frankreich, in Auftrag gegeben haben soll. Das ist naheliegend. Denn das Einhorn galt seinerzeit als vielbemühtes Symbol für Hochzeit und Ehe. Der Zyklus erzählt wie in einem Comic von der Jagd auf das Einhorn.

Teppich Nr. 1: Das Einhorn wird gefunden. Es steht vor einem Brunnen, wird von Goldfinken und Fasanen begleitet und ist umgeben von einer üppigen Flora aus Heilkräutern. Im Hintergrund nehmen zwölf Jäger ihre Beute ins Visier.

Teppich Nr. 2: Der Angriff. Drama! Mit Lanzen, Meute und lautem Getöse aus dem Jagdhorn greifen die Jäger das Tier an und verletzen es am Rücken. Doch es flieht …

Teppich Nr. 3: Die Jäger betreten den Wald. Huch, wo ist es denn? Die Jäger suchen im Wald nach dem Einhorn. Und wir als Betrachter sind froh: Es ist entkommen.

Teppich Nr. 4.: Das Einhorn verteidigt sich. Gut so! Drei Jäger bohren ihre Lanzen in den Rücken des Tieres. Doch das Einhorn schlägt aus und spießt einen Jagdhund mit seinem Horn auf. Jaul.

Teppich Nr. 5.: Das Einhorn wird von der Jungfrau gefangen. Von diesem Teppich existieren nur zwei Fragmente. Aber die Botschaft ist klar: Weil die Männer es nicht bringen, muss eine Frau ran.

Teppich Nr. 6.: Das Einhorn wird getötet und zum Schloss gebracht. Na, klar. Das muss so. Denn der König hat ein Recht auf alle Beute, die beim Jagen gemacht wird. Neugierige umringen die Prozedur. Welch ein Gedränge!

Teppich Nr. 7: Das Einhorn in Gefangenschaft. Huch?! Das Einhorn lebt. Es ist zwar umringt von einem Zaun, aber es springt fröhlich über eine Wiese aus tausend Blumen. Wiederauferstehen – das können nur zwei: Jesus und das Einhorn. Auch ohne christliches Brimborium erzählen die sieben Teppiche einfach eine tolle Story. Ein Ticket von Midtown zu den Cloisters kostet 2,50 Dollar – one way. Und wer will angesichts dieses zauberhaften Eindrucks schon zurück?

O

verknoten, zu verdrehen und zu verrenken, setzt man beim Einhorn-Yoga darauf, Schwingungen zu aktivieren.

Ommmmmmnicorn

Ein Wesen, das über so kristallklare karmische Energie verfügt wie das Einhorn, ist natürlich auch auf den ausgerollten Matten des Yoga-Universums zu finden. Doch statt sich zu

Dabei wird das sogenannte Ajna Chakra stimuliert, das gemeinhin auch als drittes Auge bezeichnet wird. Es sitzt zwischen den Augen, dort, wo beim Einhorn das Horn emporsteht. Das dritte Auge ist Ziel der sogenannten Yuni-

koorn-Asanas, diese Asanas beginnen mit einem tiefen Ommmmmmnicorn.

Es gibt Asanas, die magisch aufladen. Möchte man die kosmische Kraft des Einhorns zum Fließen bringen, setzt man sich in den Lotussitz, formely known as Schneidersitz, und rollt die Augen von links nach rechts, von oben nach unten, oder lässt sie kreisen. Fortgeschrittene Yunikoorn-Yogis schreiben mit den Augen liegende Achten, das Zeichen für Unendlichkeit, und kommen ihr dadurch, wenn auch nur im Kleinen, ein bisschen näher. Die Sinne sind geschärft und die Aufmerksamkeit fokussiert – wie bei einem Einhorn, das auf seinen Gegner losstürmt. Für die passiven Einhorn-Asanas braucht man eine Kerze, in die man aus zwei Metern Abstand so lange hineinstarrt, bis die Augen sich von alleine schließen. Dann genießt man, wie sich das Nachbild vor dem inneren Auge zu einem hellen Reiz bündelt: die strahlende Einhorn-Aura, die einem das wärmende Gefühl schenkt, alles sei erleuchtet.

Opal

Wer ein Einhorn mal aus der Nähe betrachtet, wird feststellen, dass sein Fell nicht weiß ist, sondern schimmert wie ein Opal. Erst modernen Animationen ist es gelungen, die changierende Aura einigermaßen nachzuempfinden. Da wird das Einhorn mit einer Art milchigem Schein ummantelt oder mit kleinen Sternen versehen, die seine funkelnde Ausstrahlung darstellen sollen. Auch das ist natürlich unzureichend im Vergleich mit dem Original. Aber immerhin.

Denn von der Antike bis zur Jahrtausendwende dominierte in der Darstellung des Einhornfells die Farbe Weiß. Das hat seine Ursachen nicht nur in der Beschränktheit der Materialien – schmieriger Ölfarbe einen Glitzereffekt abzuringen ist nicht einmal dem genialen Leonardo da Vinci gelungen.

Dass sich Weiß als Einhorn-Farbe durchgesetzt hat, hängt auch mit dessen Symbolkraft zusammen. Weiß steht für Reinheit, Unschuld, Jungfräulichkeit und Unsterblichkeit. Alles Eigenschaften, die auch dem Einhorn zugesprochen werden.

Schön und gut, aber einen Bedeutungsverlust im Vergleich zum Opal gibt es dennoch. Der hat nämlich viel mehr zu bieten. Der Name Opal kommt aus dem Altgriechischen und bedeutet »kostbarer Stein«. Der Edelstein wurde schon in der Antike höher bewertet als der Diamant. Er war seltener und seine Heilwirkung größer, ein Kraftstein reinster Art. Er reinigte die Seele von allem Bösen und förderte Liebe und Sanftmut allein dadurch, dass man ihn betrachtete. Auch das kennen wir – vom Einhorn.

Oryxantilope

War das Einhorn der Antike in Wirklichkeit eine Oryxantilope? Die Ähnlichkeit zwischen beiden Tieren ist frappierend. Ktesias, der Leibarzt des persischen Königs, schreibt im 4. Jahrhundert vor Christus von einem pferdeähnlichen Tier mit weißem Körper, rotem Kopf und blauen Augen. Genau so sieht die Arabische Oryx (Oryx leucoryx) aus, deren Verbreitungsgebiet sich ursprünglich von der Levante über die arabische Halbinsel bis nach Mesopotamien erstreckte. Ktesias muss sie gekannt haben! Allein was ihre Größe angeht, reicht die Oryx nicht an das Einhorn des Ktesias heran. Mit einer Schulterhöhe von höchstens einem Meter erreicht sie noch nicht einmal das Stockmaß einer kleinen Ponyrasse. Da kommen die Maße der ostafrikanischen Oryx besser hin, die zwar nicht mit einem weißen Fell aufwarten kann, dafür mit einer Standhöhe von bis zu zwei Metern.

Auch charakterlich stimmen die antiken Beschreibungen des Einhorns mit denen der Oryxantilope überein. Die Oryxantilope ist eines der wenigen Gazellentiere, die dem Löwen überlegen sind. Mit ihren langen, geraden Hörnern wehrt sie sich seit Gedenken erfolgreich gegen den König der Tiere. Und dieser hat dieses Wissen von Generation zu Generation weitergeben und wagt es bis heute nicht, die Oryx zum Frühstück zu verspeisen – zu groß ist die Angst, von ihr aufgespießt zu werden.

Noch weitere Ähnlichkeiten? Oja, sämtliche Versuche, die Oryx zu zähmen, schlugen fehl. Oryx wie Einhorn sind wild und lieben ihre Freiheit. Dabei wäre die Oryx das ideale Haustier für nomadische Wüstenvölker. Sie kann bis zu acht Stunden bei hohen Temperaturen und ohne trinken zu müssen aushalten. Allein: Sie will nicht.

Wie das Einhorn ist auch die Oryx selten. Die Arabische Oryx galt aufgrund von Beschuss und Wilderei schon 1972 als ausgerottet. Durch Zucht und Auswilderung konnte sich

der Bestand jedoch erholen. Die Weltnaturschutzunion stuft die Art dennoch als gefährdet ein.

So viele Gemeinsamkeiten! Doch in einem Punkt unterscheidet sich die Oryx vom Einhorn – und der ist entscheidend. Die Oryx hat nun einmal zwei Hörner und nicht nur eins. Oder doch nicht? Denn wenn man sie von weitem und von einer bestimmten seitlichen Perspektive aus ansieht, dann kommt auch das mit dem einen Horn hin. Man muss einfach nur wollen.

Orchidee

Das Einhorn findet sich auch im geheimnisvollen Halbschatten der Botanik wieder. Auf feuchtem Untergrund und im Schutz hoher Bäume fühlt es sich so wohl, dass es sich – ganz untypisch für sein scheues Wesen – sogar zu Gemeinschaften zusammenschließt. Die Einhorn-Orchidee (Cypripedium parviflorum) bildet dann nämlich kleine Sträucher mit vielen Stängeln. Und aus jedem Stängel wächst eine goldgelbe Blüte, aus der sich zu beiden Seiten ein dunkles, schmales, gedrehtes Blatt herauswindet – der über fünf Zentimeter lange Einhorn-Stempel.

Diese Frauenschuh-Rarität stammt ursprünglich aus der gemäßigten Klimazone Nordamerikas und Kanadas und ist sozusagen ein sehr charmanter Reimport aus dem mythenarmen Einwandererkontinent. Eine Win-win-Situation im Rahmen eines magischen Freihandelsabkommens. Denn die Einhorn-Orchidee erfreut sich auch hierzulande immer größerer Beliebtheit, weil sie regelrecht aufblüht, wenn man sie nur richtig pflegt. Liebhaber nähern sich dem sensiblen Geschöpf denn auch am besten nicht mit der Gießkanne, sondern mit einem Sprüher, der seinen feinen Wasserstaub über die Wurzeln der Einhorn-Orchidee sengt. Ganz sanft, so hat sie es am liebsten.

P

Paradies 1

Der Garten Eden ist der natürliche Lebensraum des Einhorns. Nicht nur im konkreten Sinn, sondern auch im übertragenen. Wie etwa in Tracy Chevaliers Roman »Der Kuss des Einhorns«. Darin steht das Einhorn für das sexuelle Paradies. Wie das? Schauen wir es uns einmal genauer an: Chevalier beschreibt in ihrem Buch das Rätsel um die Entstehung der berühmten, sechsteiligen Pariser Einhorn-Wandteppichserie »Dame mit dem Einhorn«. Dafür erfindet sie den Maler Nicolas de Innocents. Der ist aber keineswegs so unschuldig, wie sein Name nahelegt, sondern im Gegenteil ständig verstrickt in erotische Eskapaden: Er knallt alles, was nicht bei drei auf dem Baum ist. Als er um 1490 vom königlichen Finanzbeamten Jean Le Viste den Auftrag erhält, Vorlagen für sechs große Wandteppiche zu entwerfen, denkt er: Endlich ausgesorgt! Doch Le Vistes Frau überredet ihn, als Motiv statt martialischer Schlachtengetümmel die Zähmung des Einhorns durch eine Jungfrau zu gestalten. Als Nicolas während der Vorgespräche ihre Tochter Claude kennenlernt, ist es um ihn geschehen. Er will sie unbedingt haben und weiß doch zugleich, dass Sitte und ihr hoher Stand ihm diesen Wunsch verwehren werden. Seine erotische Niederlage überwindet er künstlerisch. Er gestaltet die Wandteppiche als Zyklus von fünf Sinnen, die in einem sechsten, allumfassenden Gefühl zusammenlaufen: dem Begehren.

Wie das mit dem Einhorn zusammenhängt, beschreibt Nicolas, als er – wieder einmal – eine Frau verführt, so: »Ich möchte, dass Du mich für ein Einhorn hältst. … Jeden Monat kehrst Du in den Garten Eden zurück.«

Die Verheißung, einem Einhorn zu begegnen und in das Paradies einzukehren, führt Nicolas immer zum erotischen Erfolg. Er prahlt: »Dieser Satz verfehlte seine Wirkung nie, wenn ich Jagd auf eine Frau machte – die Vorstellung des Paradieses schien sie zu ködern. Sie machten immer die Beine für mich breit in der Hoffnung, es zu finden. Einige fanden es sogar.«

Tja, schlauer Nicolas! Er wusste schon damals, dass man Frauen mit Einhörnern kommen (lassen) kann.

Paradies II

In der spätromanischen Wehrkirche des sächsischen Dorfes Nieder Seifersdorf findet man inmitten der 52 biblischen Emporenbilder unter der Bezeichnung »Genesis 3 V 6« die Darstellung von Adam und Eva im Paradies. Und siehe da: Unter den Tieren, die sich dort um den Baum der Erkenntnis versammelt haben, befindet sich auch ein großes, weißes, stolzes, aufrecht stehendes Einhorn, das alles überblickt. Hinten links.

Pauschalreisen

Das Angebot des Veranstalters klang vielversprechend: Die Reisenden aus ganz Europa versammeln sich in Venedig. Von dort aus erfolgt die Passage nach Jerusalem. Die Galeere fährt zunächst an der dalmatinischen Küste entlang. Dann folgen Zwischenstopps an den Inseln Rhodos, Kreta und Zypern. Wenn es die Wetterlage erlaubt, würde man auch Konstantinopel ansteuern. Landausflüge sind möglich. Zielhafen ist Jaffa. An Bord und bei den Landausflügen werden die Gäste von sachkundigen Reiseführern begleitet. In besagtem Fall vom Kaplan Felix Faber. Das Angebot kostet pro Kopf 42 Dukaten pauschal – für Hin- und Rückreise. Darin enthalten: täglich zwei Mahlzeiten inklusive Getränk.

Wer diese Reise im Jahr 1486 buchte, sollte Zeuge eines unvergesslichen Schauspiels werden. Denn am zwanzigsten Tag der Reise bot sich der Karawane der Pilgerer auf einem Ausflug ins Umland von Jerusalem ein unvergesslicher Anblick. Auf einer Anhöhe voller duftender, aber dorniger Hecken erblickte die Reisegruppe ein sonderbares Tier.

Hören wir den Mönch Faber: »Der Reiseführer aber trat zu uns und versicherte, das Tier sei ein Rhinozeros oder Einhorn, und er zeigte uns das eine Horn, das aus seiner Stirn ragte. Mit großer Sorgfalt sahen wir uns dieses überaus edle Tier an, und bedauerten, dass es nicht näher war, sodass wir es noch genauer betrachten könnten. Denn dieses Tier ist in vieler Hinsicht ganz einzigartig. Insbesondere soll es sehr wild sein. Es hat ein einziges Horn von vier Fuß Länge, so spitz und stark, dass es alles, was es auch sei, verletzt oder durchbohrt und an den Felsen nagelt. Auch hat sein Horn einen zauberhaften Glanz; Stücke davon werden den edelsten Steinen gleich geachtet und in Gold und Silber gefasst.«

Nichts hat das Geschäft mit den Pauschalpilgerreisen mehr angekurbelt als der Bericht des braven Gottesmannes Faber. Er war der Gewährsmann für Jerusalem-Reisen mit Einhorn-Garantie. Und nur der liebe Gott weiß, wie viel er für diesen perfekten Kreuzfahrtwerbetext kassiert hat.

Pegasus

Das Götterpferd Pegasus ist ein Verwandter des Einhorns. Doch während die ersten Einhörner bereits vor 30 000 Jahren gelebt haben, entspringt Pegasus der griechischen Mythologie. Sein Geburtsjahr liegt im Dunkeln. Es kann frühestens um das Jahr 800 v. Chr. datiert werden. Vater ist der Meeresgott Poseidon, Mutter die schlangenköpfige Medusa. Pegasus ist für drei Taten bekannt. 1. Er hat Göttervater Zeus Blitz und Donner geschenkt. 2. Er hat dem Helden Bellerophon geholfen, das Ungeheuer Chimäre zu besie-

gen. Und 3. Er hat mit seinem Hufschlag zwei Quellen zum Sprudeln gebracht, die Quelle von Troizen und die Quelle, die aus dem Helikon-Gebirge entspringt. Letztere ist die Quelle, aus der alle Dichter trinken und die ihre Kreativität zum Fließen bringt.

Zwischen den Nachkommen des altgriechischen Pegasus und dem Einhorn gibt es keine Artenbarriere, sodass beide sich paaren können – bestes Bei-spiel ist Twilight Sparkle aus der TV-Serie »My Little Pony«.

Aus der Liebe zwischen Pegasus und Einhorn entstehen auratische Helden-Einhörner, die besonders in der esoterischen Szene großen Zuspruch finden. Pegasus-Einhörner sind Glückstiere. Sie beflügeln die Fantasie und stärken den Mut und schaffen vor allem mehr Mut zur Fantasie. Sie leben auf der Insel Atlantis.

Polyamorie

Welches Wesen ist besser geeignet, ein vielfältiges, offenes Begehren zu symbolisieren, als das Einhorn mit seiner schillernden Persönlichkeit? Es ist männlich und weiblich zugleich, verkörpert jegliche amouröse Spielart und Geschlechtsidentität und hat dabei ordentlich Spaß.

Man könnte annehmen, dass das der Grund ist, warum die lustbetonte und lebensfrohe Londoner Partybewegung um den Sexguru Shaft Uddin sich ausgerechnet »The Fabulus of Unicorns« nennt. Aber da wird noch ein anderer Aspekt eine Rolle gespielt haben. In der Rave-Szene, in der die Bewegung fest verankert ist, heißt eine Frau, die sich zu einem Dreier überreden lässt, unicorn – eben weil sie so besonders und so selten ist.

Bei »The Fabulus Unicorns« geht es nämlich um Sex. Shaft ist der Überzeugung, er sei ein »Tandricorn« – ein Mischwesen aus Einhorn und Tantrameister. Er hat eine Art Erotikkult um das Einhorn entwickelt, mit dem er verborgene Liebeskräfte zum Fließen bringen will.

Das Horn des Einhorns dient dabei als Mittel zur spirituellen Erleuchtung. Nicht besonders originell. Diese tantrischen Tricks nutzen Gurus schon seit jeher aus. Aber bei Shaft sieht alles etwas besser aus – auch weil er und seine Jünger in verrückten Einhorn-Kostümen herumlaufen, regelmäßig zum Work-out gehen und immer als schillernde Party-Crowd auftauchen. Ein Hingucker!

Man setzt auf Rituale, Regeln und Hierarchien. Die unterste Ebene sind »Trashicorns«, dann gibt es »Warriorcorns«, »Glamourcorns« und so weiter – je mehr sexuelle Extravaganzen man zulässt, desto höher steigt man in der Hierarchie. Man trifft sich zu Pre-Work-Raves um halb sechs, und es gibt öffentliche Umarmungspartys, Kostüme, Farbverläufe in Regenbogenfarben, esoterisches Blabla, Ketamine, ein kuscheliges Sofa und ein großes Bett.

Darin verhilft Shaft seinen Jüngerinnen gerne zu bewusstseinserweiternden Grenzerfahrungen. Eine seiner Sessions heißt »OMing«, und im Angebot ist eine tiefgreifende G-Punkt-Massage. Uh-uh-uh-uhhhh-unicorn. Ein Joint mit dem psychedelischen Wirkstoff DMT hilft dabei, sich locker zu machen.

Eine neue Sekte? Wohl nicht. Eher ein gut kalkuliertes Dienstleistungsunternehmen in der Erwachsenenunterhaltung: Es gibt Sex und Partys und als Bonus Feenstaub. Gerne gegen Cash.

Pony, My Little

Das Leben ist kein Ponyhof. Sagt man. Aber das ist nur die halbe Wahrheit. Selbstverständlich kann das Leben ein Ponyhof sein – etwa in der TV-Serie »My Little Pony – Freundschaft ist Magie«. Schauplatz der Serie ist nämlich Ponyville, ein Städtchen

im Königreich Equestria. Hier leben nur Ponys. Einige von ihnen verrichten ganz irdische Dinge, das sind die Erdponys, einige haben Zauberkräfte, das sind die Einhornponys, die mit ihrem Horn für magische Momente sorgen. Einige wenige können alles, das sind die Pegasus-Einhörner oder Alihörner. Die Welt der MLP, wie Fans die Ponys abkürzen, entstand

1981. Sie wurde vom Spielzeughersteller Hasbro entwickelt. Über die Jahre gab es mehrere Generationen, und schon früh waren Einhörner darunter.

Aber das Pegasus-Einhorn Twilight Sparkle aus der dritten Generation überstrahlt alle. Sie ist ein My Little Pony der dritten Generation und steht seit der Erstausstrahlung im Jahr 2010 im Zentrum der Handlung der MLP-TV-Serie. Sie hat ein lila Fell und eine blaue Mähne mit rosa und violetten Strähnen. An der Hüfte trägt sie ein Tattoo. Es zeigt einen großen Stern, der von fünf kleineren Sternen umringt wird – ein Tattoo voller Symbolkraft: Twilight Sparkle ist nämlich die Prinzessin der Freundschaft und versammelt einen Hofstaat von fünf anderen Ponys um sich, die alle auch im Ministerium der Harmonie arbeiten.

Das gelbe Erdpony Applejack leitet das Ressort Ehrlichkeit. Die knallrosa Pinkie Pie ist für das Lachen zuständig. Rainbow Dash, hellblau mit Regenbogenmähne und -schweif, zeichnet verantwortlich für das Amt der Treue. Die zartgelbe Fluttershy ist Repräsentantin für Harmonie und die weiße Rarity, wie Twilight ebenfalls ein Einhorn, für Großzügigkeit.

Der Zusammenhalt der Clique wird immer wieder durch Anfeindungen, Abenteuer und anspruchsvolle Aufgaben auf die Probe gestellt. Wie überstehen die sechs Ponys Verrat und Verführung, gebrochenes Vertrauen und Verluste? Diese Fragen bestimmen den Inhalt von mittlerweile 169 TV-Episoden und einem Kinofilm (Stand: Ende 2017).

Trotz aller Twists and Turns enden aber letztlich alle Folgen, wie es sich für das Ministerium für Harmonie gehört, in einer dicken Umarmung. Ganz nach dem Wahlspruch ihrer Anführerin Twilight Sparkle, dem Pegasus-Einhorn: »Freundschaft ist Magie.« Nichts weniger kann man von einem Einhorn erwarten. Ach, FSK: 0.

Praktischer Nutzen

Wer im Besitz eines Einhorns ist, muss sich glücklicherweise nicht wie bei so vielem Plunder, den man sich im Laufe seines Lebens anschafft, fragen: Wohin damit? Das Einhorn bietet einen vielfältigen Nutzen in Bad, Küche und Haushalt sowie als dekoratives Accessoire im Wohnbereich.

Wir wollen hier nur einige Anwendungsbeispiele nennen. Das Horn des Einhorns eignet sich prima als Aufhängung für einen Lampenschirm oder ein Moskitonetz. Es dient als Halter für Toilettenpapier und Küchenrollen. Oder als Garderobenständer. Auch lose Zettel können damit aufgespießt werden. Das schafft Ordnung. Alles ist an seinem Platz.

Beliebt ist auch sein Dienst als Spieß für Kebabs, Döner und Grillgemüse. Als Wetzstab für Messer, als Flaschenöffner und als Eispickel hat es ebenso großen Nutzwert. Geradezu ideal lässt es sich als Korkenzieher einsetzen. (Die Firma Kikkerland bietet eine hübsche Minivariante an.) Bei zeremoniellen und feierlichen Angelegenheiten kann es prima als Fahnenmast herhalten – daran sollte man bei der kommenden WM oder EM unbedingt denken. Weniger bekannt ist, dass das Einhorn-Horn ein hervorragender Dietrich ist. Wem also mal wieder die Tür von außen ins Schloss gefallen ist, braucht nicht den Schlüsseldienst zu bemühen. Er leiht sich einfach beim Nachbarn kurz ein Einhorn aus. Ein Einhorn macht eben viele Dinge leichter.

Prinzessin Brambilla

Mehr ist mehr! E. T. A Hoffmann beschreibt in seiner Erzählung »Prinzessin Brambilla« (1820) die letzte Etappe der Brautfahrt Ihrer Hoheit bei ihrer Ankunft in Rom.

Wie ein bunter, entrückter, vom Taumel getriebener Zug schlängelt sich der Corso der Prinzessin von der Porta de Popolo bis zur Piazza Navona durch die Zuschauer. Umgeben von einer

Totenstille des Erstaunens, verschwindet er nach und nach hinter den Toren des Palastes des Prinzen Batinanello, Brambillas Verlobtem.

Zwölf Pagen, zwölf Mohren, zwölf Damen, zwölf Straußenvögel, die Kutsche, zwölf Maultiere, zwölf Pferde werden von zwölf kleinen, schneeweißen Einhörnern mit goldenen Hufen angeführt. Auf ihnen sitzen zwölf rot gewandte Musikanten mit silbernen Pfeifen, Zimbeln und kleinen Trommeln.

Was sagt das Volk bei diesem Anblick? »Schaut, schaut! – ei, ist denn schon der Karneval los? – schaut – schaut.«

Ach was, Karneval! Für eine Renaissance-Prinzessin war so ein pompöser Auftritt das Minimum. Das gehörte einfach zum Job. Einhörner inklusive.

Q

Die Aufregung im Kalkbergwerk in den Seweckenbergen östlich von Quedlinburg war groß. Beim Brechen von Gips waren Arbeiter im Jahre 1663 auf fossile Knochen gestoßen. Ein Rückgrat, Rippenbögen, ein Schwanz, Gebeine. Was für ein Tier mag das gewesen sein? Ein Drache, wie ihn Siegfried erlegt hat? Oder ein Wildstier, nur eben ein bisschen größer? Auch der Grubenmeister, dem die atemlosen Arbeiter ihren Fund zeigten, hatte keine Ahnung. Seltsame Sache. Mal bei der Stadt nachfragen.

Zum Glück hielt sich gerade der berühmte Otto von Guericke in Quedlinburg auf, den man bei der Klärung der Frage hinzuzog. Der vielseitig begabte Gelehrte glänzte als Bürgermeister von Magdeburg nicht nur mit politischem Geschick,

er hatte es auch in Physik drauf und konnte mit spektakulären Erfindungen aufwarten. Knochen waren nicht gerade sein Hauptgebiet, aber was soll's. So ein kluger Kopf muss das doch wissen!

In der Tat war Guericke nicht um eine Antwort verlegen. Er wusste den Fund sofort einzuordnen. Es handelte sich um das fabelhafte Einhorn! Ein Einhorn? Wirklich? Niemand widerspach der hochgeachteten Kapazität. Warum auch: Konnte man doch jetzt im ganzen Reich vermelden, dass Quedlinburg nun ein echtes Einhorn besitzt. Guericke selbst beschrieb die Begebenheiten neun Jahre später in der Schrift »Neuste Magdeburger Versuche«: »Es trug sich auch in eben diesem Jahr 1663 in Quedlinburg zu, dass man in einem vom Volke Zeunickenberg genannten Berge, wo Gipssteine gebrochen werden, und zwar in einem von dessen Felsen das Gerippe eines Einhorns fand, mit dem hinteren Körperteil, wie dies bei Tieren zu sein pflegt, zurückgestreckt, bei nach oben erhobenem Kopfe auf der Stirn nach vorn ein langgestrecktes Horn von der Dicke eines menschlichen Schienenbeins tragend, im entsprechenden Verhältnis hierzu etwa 5 Ellen in der Länge. Das Skelett dieses Tieres wurde aus Unwissenheit beschädigt und stückweise herausgeholt, bis das Haupt mit einem Horn und einigen Rippen, der Wirbelsäule und den Beinen der dort lebenden hochwürdigen Fürstäbtissin übergeben wurden.«

Heute ist klar, dass Guericke Recht hatte. Bei dem Fund handelt es sich tatsächlich um ein Einhorn, allerdings nicht um das Helden-Einhorn heutiger Zeit, sondern um ein fossiles Ugly-Unicorn – das bullige Wollnashorn (Coelodonta antiquitatis).
Der Fundort weist heute noch auf die Sensation von 1663 hin. Er heißt Einhorn-Höhle und ist als Teil des UNESCO-Geoparks

Anziehungspunkt für Besucher aus aller Welt.

Queer-Szene

Das englische Wort »Queer« bedeutet wörtlich, in die Quere kommen. Das passt. Schwule, Lesben, Bi-, Inter-, Pan- und Asexuelle, Cis- und Transgender, Polyamore, BDSMler und Menschen mit fließender Geschlechtsidentität kommen der Hetero-Norm in die Quere. Ihr schillerndes Schutztier ist das Einhorn. Vereint mit dem Regenbogen steht es für Freiheit und Toleranz. Und Liebe, wo immer sie auch hinfällt.

Raffael

Im Florenz der Renaissance lohnte es, sich mit aufstrebenden Künstlern gut zu stellen. Da konnte schon einmal ein Geburtstagsgeschenk der Extraklasse abfallen. So beglückte Raffael seine gute Freundin Maddalena Strozzi zu ihrer Hochzeit mit einem Porträt in Öl.

Ganz im Stil der Zeit hat er im Gemälde allerlei Zeichen ihrer hohen Stellung festgehalten: die kostbare Garderobe, die schwere Goldkette, der dicke Klunker, die prachtvollen Marmorsäulen zu beiden Seiten, die ein imposantes Gebäude andeuten, der Blick in den weitläufigen Park.

Bilder dieser Sorte gab es viele. Raffael aber verstand, dem Kanon der Must-haves einer gehobenen Renaissancedame noch ein Detail von besonderer Raffinesse hinzuzufügen. Statt eines Hündchens hat die blutjunge Maddalena ein kleines Einhorn auf dem Schoß sitzen. Ein Affront! Denn die Symbolik eines Einhorn-Horns im Schoß einer jungen Frau war nicht nur für die Aufgeklärten unter den Florentiner Bürgern zu

verstehen. War es eine heimliche Liebeserklärung? Ging da etwas zwischen dem Maler und Maddalena? Florenz hatte seinen Skandal.

Die Anspielung, die das Bild barg, brüskierte die Nachfahren Maddalenas offenbar noch zwei Jahrhunderte später so sehr, dass sie das Raffael-Einhorn übermalen ließen. Erst 1934 wurde das pikante Detail wieder freigelegt. Das Gemälde ist heute in der römischen Villa Borghese zu sehen und heißt jetzt endlich wieder in Entsprechung seines zauberhaften Sujets »Gemälde der Dame mit Einhorn«.

Rainer Maria Rilke

Das Einhorn nimmt in Rilkes Werk gleich mehrfach einen prominenten Platz ein. Zunächst macht der Dichter sich Gedanken über die – hoppla! – Zeugung des Einhorns. In »Marien-Leben« heißt es mit durchaus pikanten Implikationen:

> *... (O wenn wir wüßten,*
> *wie rein sie war. Hat eine Hirschkuh nicht,*
> *die, liegend, einmal sie im Wald eräugte,*
> *sich so in sie versehn, daß sich in ihr,*
> *ganz ohne Paarigen, das Einhorn zeugte,*
> *das Tier aus Licht, das reine Tier –,)*

Die Eltern des Einhorns sind also eine Hirschkuh und Maria? Wir wissen nicht, was Rilke sich dabei gedacht hat. Aber es ist durchaus, sagen wir mal: interessant.

Auch seine anderen Einhorn-Schilderungen haben eine verwegene Note. In »Die Aufzeichnungen des Malte Laurids Brigge« (1910) führt Malte seine geliebte Tante Abelone gedanklich an den berühmten Wandteppichen »Dame mit dem Einhorn« vorbei. Malte beginnt mit einer allgemeinen Betrachtung der Wandteppiche und geht dann Satz für Satz auf Einzelheiten in den sechs Teppichen ein und entspinnt daraus eine Geschichte. Sie endet mit den Worten: »Aber sie (die Jungfrau) neigt den anderen Arm gegen das Einhorn hin, und das Tier bäumt sich geschmeichelt auf und steigt und stützt sich auf ihren Schoß. Es ist ein Spiegel, was sie hält. Siehst du: sie zeigt dem Einhorn sein Bild.« Dieses Jungfrau-Schoß-Horn-Szenario findet sich im vierten Gedicht im zweiten Teil seiner »Sonette an Orpheus« wieder. Es ist seine berühmteste Huldigung des Fabeltiers:

*O dieses ist das Tier, das es
nicht giebt.
Sie wußtens nicht und
habens jeden Falls –
sein Wandeln, seine Haltung,
seinen Hals,
bis in des stillen Blickes
Licht – geliebt.
Zwar war es nicht. Doch
›weil sie's liebten, ward
ein reines Tier. Sie ließen
immer Raum.
Und in dem Raume, klar
und ausgespart,
erhob es leicht sein Haupt
und brauchte kaum
zu sein. Sie nährten es mit
keinem Korn,
nur immer mit der Möglichkeit, es sei.
Und die gab solche Stärke
an das Tier,
daß es aus sich ein Stirnhorn
trieb. Ein Horn.
Zu einer Jungfrau kam es
weiß herbei –
und war im Silber-Spiegel
und in ihr.*

Warum Rilke das Einhorn mit dem Orpheus-Mythos verbindet, bleibt offen. Das eine kommt in dem Mythos des anderen nicht vor – und umgekehrt. Wir können nur vermuten, dass es Rilke nicht anders ging als uns: Er war dem Einhorn erlegen und völlig fasziniert von seinem Wesen. Der Grund? Er nennt ihn selbst. Andere Fabeltiere, schreibt er, hüten Horte, fliegen durch die Lüfte, vollbringen irgendeine Leistung. Das Einhorn aber ist das zweckloseste aller Tiere und nur für sich selbst da. Es wird eben geliebt um seiner selbst willen – welch schöne Vorstellung!

Regenbogen

Ein Einhorn kommt niemals allein. Sein Plus Eins auf jeder Party, die das Leben bietet, ist der Regenbogen. Es kotzt Regenbogen, es scheißt Regenbogen, und es furzt Regenbogen.

Das klingt jetzt nicht besonders gut erzogen, aber ein Einhorn darf das. Und schließlich stinken Regenbogen nicht.

Der Regenbogen ist wie das Einhorn ein Symbol für Glück. Am Ende des Regenbogens, wo laut einer alten irischen Sage Elfen über einen Goldschatz wachen, tummeln sich denn auch in der Regel besonders viele dieser fantastischen Fabeltiere. Regenbogen sind also immer auch eine Einhorn-Garantie. Also, nichts wie hin!

Der Regenbogen ist darüber hinaus das Zeichen der Schwulenszene. Er markiert Toleranz, Freiheit, Individualität, Unangepasstheit und Unzähmbarkeit.

Als Flagge mit einem von sechs auf sieben Farben erweiterten Spektrum steht der Regenbogen mit dem Schriftzug Pace (= Frieden) für die internationale Friedensbewegung. Alles Werte, die der Regenbogen mit seinem Freund, dem Einhorn, ohne Einschränkung teilt.

Als Team sind die beiden so unschlagbar wie Taube und Olivenzweig und haben doch mehr Sexappeal. Auch wenn das Einhorn angesichts der Katastrophen in diesen turbulenten Zeiten manchmal kotzt. Dann aber einen Regenbogen. Und schon wird es wieder bunt.

Ritter

Auf ihren Kreuzzügen haben die Ritter nicht nur die Pracht des Orients kennengelernt, sondern sind auch verstärkt dem Mythos des Einhorns begegnet. Es zierte antike Portale, Kelche, Vasen, und sein Horn war attraktives Prunkstück in den Schatzkammern der reichen Ostkirchen.

Das Fabeltier muss ordentlich Eindruck auf die Kreuzritter gemacht haben. Denn Ethnografen wollen im ritterlichen Lanzenstechen mehr als eine Form des Kräftemessens unter Rivalen sehen. Sondern vielmehr die Nachahmung eines Einhorn-Kampfs. Klingt glaubhaft.

Salvador Dalí

Dalís wahre Muse war nicht etwa die Popsängerin Amanda Lear oder seine Frau Gala. Der Surrealist setzte auf stärkere Kaliber. Seine Inspiration holte er sich von der XXL-Einhorn-Variante Rhinozeros. Er malte sie, etwa mit giraffenlangen Beinen in »Himmelsritt mit Rhinozeros« (1957). Er formte Rhino-Skulpturen wie die Dreitonnen-Bronze im Andalusischen Puerto Banus, und er castete sie für den Film »Die ungewöhnliche Geschichte von der Spitzenklöpplerin und dem Rhinozeros« (1954). Mehr noch: Er erfand eine neue Form der Kleckskunst, indem er schwarze Tinte, freilich ohne jegliches Gefühl für Artenschutz und Nachhaltigkeit, in hohle Rhino-Hörner füllte und daraus Zufallsmotive schuf. XXL-Einhornart – einmalig!

Dalí war so besessen von Rhinos, dass Woody Allen ihm in seinem Film »Midnight in Paris« eine Szene widmet, in der der Künstler minutenlang nur über Rhinozerosse faselt. Keiner versteht ihn, aber was soll's: Hauptsache XXL-Einhörner. Natürlich hat Rhino-Aficionado Dalí auch die feingliedrige Einhorn-Variante geliebt. In dem Gemälde »Das fröhliche Einhorn« von 1977 lässt er ein Bilderbuch-Einhorn mit einem Baum verwachsen. Eine perfekte Symbiose aus Pflanze und Fabeltier, denn auch Dalí wusste, dass Einhörner glückliche Veganer sind.
Im gleichen Jahr erstellte er die Museumsskulptur »Der Harte und die Weiche«, in der er das Einhorn-Jungfrau-Motiv durch eine anstößige Interpretation erweitert. Hart! Aber fair.

Say My Name

»Mensch, Einhorn! Schön, Dich zu sehen!« Wer diese Worte hierzulande über die Straße ruft, hat eine Chance von 1 zu

171372, dass sich jemand herumdreht. Das ist eine bessere Quote als beim Lotto und selten genug, um den Namen Einhorn nicht durch Häufigkeit seiner Exklusivität zu berauben. Der Nachnahme Einhorn kommt in Deutschland 471 Mal vor. So der Stand von 2014.

Die meisten Einhörner gibt es im Mittleren Erzgebirge – zwanzig Telefonanschlüsse sind hier auf diesen Namen angemeldet. Gefolgt von Freiberg (13), Altenburger Land (10) und Leipziger Land (10). Der Osten Sachsens ist offenbar Einhorn-Land. Einhorn-Exklaven findet man in Uelzen (8) und im Rhein-Erft-Kreis (6).

In Deutschland wird der Nachname Einhorn am liebsten mit dem Vornamen Johannes kombiniert, bei Einhorn-Damen sind Astrid und Ute vorn.

Trotz hoher Einhorn-Population besetzt Deutschland im internationalen Ranking nur den Bronze-Platz. Gold holen die USA – dort hören 2807 Personen auf den Namen Ein-

horn, Silber geht an Israel mit 789 Einhorns.

Wer Einhorns sucht, trifft auf eine hohe Anzahl in Taiwan (232), Südafrika (183), Argentinien (119). In Europa zeichnen sich Frankreich (269) und Rumänien (84) als bevorzugte Heimatländer für Träger des Namens Einhorn aus.

Nationale Varianten des Namens – wie Einhoren, Einhorin, Einhorne, Einhourn, Ainhorn, Enhorn und Enhoorn – werden in den Namensstatistiken gesondert berücksichtigt.

Eine besondere Erwähnung sollte unbedingt Brasilien finden. Dort gibt es zwar nur zwei Personen, die auf den Nachnamen Einhorn hören. Einer von ihnen aber ist der Bossa-Nova-Musiker Maurício Einhorn, der für seine Improvisationen auf der Mundharmonika bekannt ist.

Schokolade

Schokolade ist mehr als nur Kakao. Sie kann ihre wohltuende Wirkung vervielfachen, wenn

man sie als Einhorn-Schokolade verkauft – dann »neutra-
lisiert sie negative Gedanken
und bringt die Welt zum
Glitzern«. Mit dieser Werbebotschaft stellte die Firma Ritter
Sport eine Einhorn Schokolade
online – und staunte nicht
schlecht. Unter der verstärkten
Einhorn-Kaufkraft brach der
Server zusammen. »Quadra-
tisch. Magisch. Gut.«
Wer im Netz nichts abbekam
und in Berlin wohnte, stürm-
te in den Flagshipstore in der
Friedrichstraße. Das waren
nicht nur rosa gekleidete
Mädchen, sondern auch ihre
Väter und Mütter, Lehrerinnen
und Lehrer, ihre reichen und
ihre armen Verwandten. Die
Einhorn-Faszination vereinte
Generationen, Geschlechter
und Gehaltsklassen.
Die fünftausend Tafeln, die
hier angeboten wurden, waren
innerhalb von anderthalb Stunden ausverkauft, obwohl der
Preis von 1,99 Euro doppelt so
hoch war wie für eine normale
Tafel. Faszination Einhorn. Die
Füllung besteht aus einer einfachen Joghurt-Himbeer-Cassis-
mischung, die Verpackung ist
pink und glitzert.
Ritter Sport hätte ein Vermögen
mit der Sorte machen können,
die Anregung für die magische
Tafel kam immerhin von Fans.
Auf der Seite Sortenkreationen.
de sammelt das Familienunter-
nehmen aus Waldenbruch Sor-
tenwünsche. Einhorn stand seit
Jahren an oberster Stelle. Aber
Ritter Sport weigert sich, den
Hype auszunutzen. Der Grund
ist: Die kleine Produktionsstrecke, auf der die Extrasorten
ausgetüftelt werden, ist mit der
Kapazität überfordert, für die
große Produktionsstrecke ist
die Sorte zu kompliziert. Die
Zutaten zu teuer. Typisch Einhorn – es bleibt selten.

Schottland

Obwohl König Wilhelm I.
(1143–1214) auf den Beinamen
»der Löwe« hörte, kam unter
seiner Herrschaft das Einhorn
nach Schottland. Vermutlich
durch seine französische Braut.

Möglicherweise spielte aber auch sein keltisches Erbe eine Rolle, in dessen Mythologie das Einhorn die widersprüchlichen Eigenschaften von Reinheit und Unschuld einerseits und von Männlichkeit und Macht andererseits vereint. Ein charismatisches Tier, das geradezu vorbestimmt ist, den nebulösen und fabelhaften Charakter des sagenumwobenen Schottlands zu symbolisieren.

Wilhelm war ganz verschossen in das Einhorn. Er machte es zu seinem Herrschaftssymbol. Vergab er Marktlizenzen, mussten die Händler zum Zeichen ihrer Königstreue eine Säule aufstellen, auf deren Kapitell ein Einhorn saß. Dieses sogenannte »mercat cross« findet man noch heute in zahlreichen historischen Altstädten Schottlands. Das ist Wilhelms Werk.

Im 15. Jahrhundert, unter König Jakob III. von Schottland, nahmen zwei Einhörner schon ganz selbstverständlich ihren Platz als Schildhalter des schottischen Wappens ein. Mit der Vereinigung von Schottland und England im Jahr 1603 durch den schottischen König Jakob VI. musste eines der schottischen Einhörner dem englischen Löwen weichen. Das andere Einhorn blieb trotzdem der König der Tiere. Die goldene Kette, die es um seinen Hals trägt, war ein Zeichen dafür, dass nur Edelleute von schottischem Geblüt die Stärke haben, ein so wildes und gefährliches Tier wie das Einhorn als Freund zu haben.

Sexspielzeuge

Das Einhorn ist auch ins Schlafzimmer eingedrungen. Genauer gesagt, das Einhorn-Horn. Das liegt nahe. Denn das Einhorn-Horn steht immer aufrecht. Ganz ohne Viagra. Erfahrene Hersteller von Sexspielzeug sehen darin die ideale Form für Dildos (ohne Batteriebetrieb) und Vibratoren (mit Batteriebetrieb). Für, keine Frage, fantastische Finals. Es gibt diese Sexspielzeuge in verschiedenen Härtegraden,

Längen, Dicken, Materialien, Geschwindigkeiten, Designs und Farben. Eine große Rolle spielen die Farben des Regenbogens, da sie gemeinsam mit dem Einhorn zum Symbol der Queerszene geworden sind. Damit kann man es auch im Bett schön bunt treiben. Und es verspricht Happy Ends für jede und jeden.

Silberdistel

Wer Einhörner züchten möchte, steht vor einem Riesenproblem. Womit kann man das Tier nur füttern? Mit Heu und Hafer soll man dem edelsten aller Fabelwesen nämlich gar nicht erst kommen. Das Einhorn hat einen verwöhnten Gaumen, und etwas anderes als Silberdisteln rührt es nicht an.

Die Silberdistel ist eine krautige, dornige Pflanze, die am besten ab einer Höhe von 2800 Metern wächst. Sie ist nur schwer kultivierbar und – wie das Einhorn – vom Aussterben bedroht.

Es ist schwer, an die Blume heranzukommen. Dennoch sollten Züchter alles daransetzen, diese Pflanze in ausreichendem Maße zu beschaffen und zu fressen geben. Nicht nur, weil die Einhörner sonst schlechte Laune bekommen, sondern auch, weil die Silberdistel von jeher als Potenzmittel eingesetzt wird. Beim Menschen und beim Tier. In alten medizinischen Schriften heißt es: Wenn ein Junge noch vor dem Einsetzen der Pubertät ein Jahr lang täglich Silberdisteln isst, hat er später die Potenz von drei (!) Männern, und das bis zum vierzigsten Lebensjahr. So viel Lendenkraft können sich Züchter doch nur wünschen. PS: Idealerweise lebt ein Einhorn in einem Silberdistelwald. Wie es dort zugeht, hat der Lyriker Oskar Loerke 1934 in seinem Gedicht »Silberdistelwald« beschrieben. Lyrik mit Einhorn-Garantie.

Silbersee

Das Einhorn würde niemals Wasser aus dem Hahn trinken. Es bevorzugt das weiche Wasser aus klaren Silberseen. Mit weniger als 1,3 Millimol pro Liter ist es so sanft wie Seide und kommt außerdem meist in Immergrünen Wäldern vor, dem natürlichen Lebensraum des Einhorns.

Das Einhorn schätzt das Silberseewasser noch aus einem anderen Grund: Seine ruhende Oberfläche gleicht einem Spiegel. Darin kann sich das Einhorn stundenlang betrachten und sich an seiner Gestalt erfreuen. Wie schön.

Smoothie

Smoothies sind, wie ihr Name schon sagt, weich und leicht und zärtlich im Gaumen. Und gesund. Das verrät der Name zwar nicht, aber Smoothies sind ein Klassiker des Clean Eating. Rohkost aus dem Mixer. Ein Lebensmittel, das so positiv stimmt wie ein Einhorn. Frisch, rein, aber auch urban. Einhörner und Smoothies sind Geschwister im Geiste.

Die ersten Einhorn-Smoothies wurden in Brooklyn, Berlin oder den Saftbars von São Paolo zusammengemixt und enthielten naturbelassene Zutaten in starken Farben: Rote Beete für ein kräftiges Pink, Mango für Orange, Zitronenschalen für Gelb. Das Grün kam von Grünkohl und die Spirulina-Alge rundete alles mit einem Saphir-Ton ab. Darauf ein buntes Gewürzblüten-Topping aus Rosen, Veilchen, Löwenzahn, Kornblumen und rosa Pfeffer. Schön wie ein Regenbogen und voller Vitamine.

Dann passierte das, was immer passiert, wenn irgendwo ein Einhorn auftaucht. Es gibt Menschen, die es einfangen wollen … Ist es gelungen? Der Kaffeeausschenker Starbucks bot eine Zeit lang ebenfalls einen Einhorn-Smoothie an: den markengeschützten »Unicorn-Frappuccino«. Das war ein Effektdrink, dessen Farbe und Geschmack sich während des Trinkens veränderten. Von lila zu pink, von süß zu sauer.

In der Zutatenliste fanden sich neben Milch, Sahne und verschiedenen Säften auch Mono- und Diglyceride, Kaliumsorbat und Zitronensäure. Die hat jedoch rein gar nichts mit der Kraft frischer Zitronen zu tun, sondern wird unter der Nummer E 330 vorwiegend in tschechischen Chemieklitschen zusammengerührt.

Ein Unicorn-Becher der Größe »Grande« (knapp ein halber Liter) enthielt sechzehn Gramm Fett, 59 Gramm Zucker – das sind knapp zwanzig Würfel – und rund 410 Kalorien. Den kulinarischen Ansprüchen eines Einhorns wird das wohl kaum gerecht.

Spielverderber I

Man muss ihm eins zu Gute halten: Der Biologe Georges Léopold Chrétien Frédéric Dagobert, Baron de Cuvier, wusste, wovon er sprach. Der französische Naturforscher konnte aus wenigen fossilen Knochenstücken das ganze Skelett rekonstruieren und darüber hinaus die komplette Gestalt des dazugehörigen Tieres mit Fell und Hörnern und allem Drum und Dran.

Ein Glücksfall für die Steinzeitforscher. Cuvier hat quasi mehrere prähistorische Tiere durch Nachbau wiederbelebt. Aber Pech für Einhorn-Fanatiker. 1827 bewies der Knochenkenner, dass Einhörner gar nicht existieren können. Sein Argument: Paarhufer haben normalerweise auch ein gespaltenes Stirnbein, und dieses sei gar nicht so geschaffen, dass es einem Horn Halt geben kann. Spielverderber!

Spielverderber II

Neid muss man sich verdienen. Doch irgendwann, genauer: im Jahre 1638, hatte die geschäftstüchtige Kopenhagener Kaufmannsgilde die ewigen Anfeindungen satt. Sie beschloss, ein Gutachten erstellen zu lassen, das sie von allen Vorwürfen freisprach, die man ihr machte. Viel zu oft hatten sich die Kaufleute anhören müssen, dass der Stoff, den sie als Einhorn vertrieben, eine Fälschung sei und sie allesamt Betrüger. Das wollten sie nicht auf sich sitzen lassen.

Für eine stattliche Summe engagierten sie einen Gutachter. Nicht irgendeinen Gutachter, sondern *die* wissenschaftliche Kapazität im Lande! Ole Worm, Doktor, Professor, Rektor der Universität von Kopenhagen, Reichsarchivar und Leibarzt des dänischen Königs. Sein Ruf reichte weit über die Grenzen Dänemarks hinaus. Kollegen sprachen ihn ehrfurchtsvoll mit latinisiertem Namen an. Olaus Wormius. Eine Würde, die nur den wenigsten zuteilwurde. Dieser Mann sollte nun Klarheit schaffen. Das tat er auch, aber nicht so, wie sich die honorigen Kaufleute das vorgestellt hatten. Worm bescheinigte seinen Auftragebern einen Etikettenschwindel. Das Horn, das sie gewinnbringend verkauften, stamme vom Narwal, einem riesenhaften Meerestier, das vor den Küsten von Grönland, Island und den nördlichen Inseln vorkommt. Falls das Gutachten als Freibrief gedacht war – das

Ansinnen ging gehörig nach hinten los.

Die Gilde zahlte, wenn auch mit Zähneknirschen, ließ sich aber in ihrem kaufmännischen Treiben nicht beirren. War der Narwal nicht auch als »Einhorn der Meere« bekannt? Somit war doch alles in bester Ordnung …

Erst als sie den Zaren Russlands eine Schiffsladung Einhorn-Stücke andrehen wollte, flog ihr unredliches Handeln auf. Das aber geschah erst zweihundert Jahre nach dem Gutachten. In der Zwischenzeit lebten mehrere Generationen von diesem Betrug. Und das sehr gut.

Sternenschweif

Die Götter sind Einhörner. Wie hätte es anders sein können? Im ersten Band von Linda Chapmans fünfzehnteiliger original »Sternenschweif«-Reihe bestimmen die Einhörner die Geschicke der Menschen. Oder zumindest die Geschicke der kleinen grauen Ponys mit struppigem Fell – was, genau genommen, auf das Gleiche hinausläuft. Denn die struppigen grauen Ponys sind Undercover-Einhörner, die ihre magischen Kräfte noch nicht entfaltet haben und sich einen Menschen suchen müssen, der ihren Zauber weckt.

Laura Foster ist so ein Mensch. Als sie mit ihren Eltern aufs Land zieht, wünscht sich die Schülerin nichts mehr als ein eigenes Pony. Auf einer Auktion kauft ihr ihre Mutter

den verwahrlosten »Sternenschweif«, dessen Vorbesitze-
rin nichts mit ihm anfangen
konnte – er war ihr zu un-
scheinbar. Doch Laura sieht
mit dem Herzen und fühlt sich
sofort hingezogen zu dem etwas schüchternen Tier. Gleichzeitig lernt sie die Buchhänd-
lerin Mrs. Fontana kennen,
die ihr einen alten Folianten
mit dem Titel »Geschichte der
Einhörner« schenkt. Laura
ist wie im Bann und begreift
nach und nach, dass ihr Pony
gar kein Pony ist, sondern ein
Einhorn. Und sie diejenige, die
dazu bestimmt ist, seine wahre
Persönlichkeit zum Vorschein
zu bringen. Doch wie lautet die
Zauberformel? Und wo wachsen die Mondblumen, die sie
dringend braucht, wenn sie ihr
Pony verwandeln will?
Zum Glück erweist sich Sternenschweif als echter Teamplayer, und beide kommen
hinter das Geheimnis seiner
Verwandlung. Und erleben
darüber hinaus allerlei wundersame Abenteuer.

Chapman traf den Nerv einer
einhornverliebten Wendy-
Generation. Ihre Reihe wurde
zum Welterfolg. In Deutschland
wird sie sogar von einem Team
aus Ghostwritern fortgesetzt.
Die Geschichte bietet die Basis
für eine unfassende Merchan-
dising-Palette: Es gibt Plüsch-
figuren von »Sternenschweif«,
Computer-, Karten-, Brett- und
Hörspiele, Adventskalender,
Poesiealben, Postkarten und
Bücher zum Schulanfang. Und
natürlich das Spin-off »Alles
über Einhörner«. Wer immer
noch nicht genug hat, wird auf
der Seite sternenschweif.de mit
Neuigkeiten rund um Laura
und ihr magisches Pony auf
dem Laufenden gehalten. Einfach zauberhaft!

Südafrika

Der schwedische Botaniker Andreas Sparrmann schildert in
seiner Schrift »Reise nach dem
Vorgebirge der guten Hoffnung,
den südlichen Polarländern
und um die Welt, hauptsächlich aber in den Ländern der

Hottentotten und Kaffern in den Jahren 1772 bis 1776« seine Enttäuschung darüber, keinem Einhorn begegnet zu sein – obwohl es überall Hinweise auf das sagenhafte Tier gab.

Die »Hottentotten«, wie er die südafrikanischen Khoikhoi in der damals üblichen, diffamierenden Weise nennt, haben das Einhorn auf Felswände in Höhlen gemalt und eingeritzt und oftmals darüber gesprochen. Aber gezeigt haben sie es ihm nie. Welch ein Ärger!

Wir müssen die Khoikhoi in Schutz nehmen. Wäre Sparrmann nicht so herablassendkolonial zu ihnen gewesen, hätten sie ihn bestimmt zu einem lebendigen Einhorn geführt. Aber so? Niemals.

Tapferes Schneiderlein

Das tapfere Schneiderlein ist einer der liebenswürdigsten Helden aus dem Kosmos der Gebrüder Grimm, deren Märchensammlung von 1812 weltberühmt wurde. Das Schneiderlein ist ein einfacher Handwerker, doch mit der geschickten Verbreitung von Fake News gelingt es ihm, seine Gegner gleichermaßen einzuschüchtern wie zu beeindrucken. Er ist ein Hochstapler und Aufschneider, der alles bekommt, wovon andere träumen – die Königstochter und das Einhorn.

Aber von Anfang an:

Das Schneiderlein erschlägt sieben Fliegen mit einem Lappen und brüstet sich mit dieser Tat, indem er auf seinem Harnisch die Worte »Sieben auf einen Streich« anbringt.

In Zeiten des Krieges kann das nur fehlgedeutet werden. Prompt fällt der König darauf herein und engagiert ihn als Rittmeister. Doch seine Kameraden kündigen, so groß ist die Angst vor dem Mann, der sieben Menschen erschlagen kann. Nun ersinnt der König eine List. Er bietet dem Schneiderlein die Hand seiner Tochter an, dafür muss es aber drei Taten vollbringen. In Wahrheit erwartet der König, dass der Schneider dabei umkommt. Aber nichts da: Er erschlägt zwei Riesen, trickst einen wilden Eber aus und fängt ein Einhorn. Dafür nimmt er eine Axt und einen Strick mit in den Wald, provoziert das wilde Tier, bis es wutschnaubend auf ihn zurast. Im letzten Augenblick springt das Schneiderlein zur Seite, sodass das Tier sein Horn mit voller Wucht in den Baum rammt. Das tapfere Schneiderlein hat ein Einhorn gefangen! Das ist selbst den Stärksten im Lande nicht gelungen. Der König kann nicht anders, als ihm seine Tochter zur Frau zu geben.

Und die Moral von der Geschicht': Mit Einhorn-Power im Herzen kann man auch als einfacher Handwerker große Taten vollbringen.

Tim und Struppi

Bares gegen Rares. Das elfte Abenteuer von Tim und Struppi wurde 1943 in der belgischen Tageszeitung »Le Soir« veröffentlicht und beginnt auf dem Flohmarkt. Tim kauft dort ein Modell des Dreimasters »Einhorn«, das er seinem Freund, dem versoffenen Kapitän Haddock, schenken möchte. Auf einem Ölschinken, der einen von Haddocks Vorfahren zeigt, ist nämlich ein Schiff abgebildet, das der »Einhorn« sehr ähnlich sieht. Doch gleich drei Mitbewerber folgen Tim und wollen ihm das Modell für hohe Summen abkaufen. Einer gibt ihm sogar eine Visitenkarte und sagt: »Melden Sie sich, wenn Sie es sich anders überlegt haben.« Doch Tim lehnt ab. Als er von Haddock zurück nach Hause kommt, ist Tims Wohnung durchwühlt. Sofort hat er den Visitenkartenmann in Verdacht. Bei ihm angekommen sieht Tim, dass da ein Modell der »Einhorn« steht. Es ist aber ein Duplikat. Bei seiner »Einhorn« war der Mast gebrochen. Langsam kommt Tim hinter das Geheimnis des Flohmarktfundes. Er entdeckt im Rumpf des Schiffes ein Pergamentröllchen, auf dem die Fragmente einer Schatzkarte verzeichnet sind. In der Zwischenzeit war auch Haddock nicht untätig. Er hat herausgefunden, um welchen Schatz es sich handelt: Mit der echten »Einhorn« hat Haddocks Vorfahre im Auftrag des Sonnenkönigs Ludwig xiv. Gold von den Antillen nach Frankreich transportiert. Doch das Schiff wurde von Rackham dem Roten, einem berüchtigten Piratenfürsten, versenkt. Tim und Haddock ahnen, wohin sie das »Geheimnis der ›Einhorn‹« führt – zur Position des Wracks mit dem Gold. Die Suche beginnt …

Die Einhorn-Story des belgischen »Tim-und-Struppi«-Erfinders Hergé steigerte die Auflage der Tageszeitung »Le Soir« so erheblich, dass er eine Fortsetzung zeichnen musste: »Der Schatz Rackhams des Roten« (1943).

Auch Steven Spielberg war von der Kolportage fasziniert und verfilmte sie im Jahr 2011 als rasante 3-D-Animation. Er wich enorm von der ursprünglichen Handlung ab, behielt aber den Titel bei. Nicht verwunderlich. Auch Hollywoodproduzenten schwören auf die Zugkraft des Einhorns.

Tom Cruise

Wenn *ein* Hollywoodstar sich durch seine mentalen, charakterlichen und vor allem optischen Eigenschaften dafür empfiehlt, das letzte Einhorn vor den dunklen Mächten zu retten, dann der 23-jährige Tom Cruise. Ein Jahr vor seinem großen Durchbruch mit »Top Gun« – und seinem Bekenntnis zu Scientology – spielte der Newcomer in Ridley Scotts »Legende« (1985) den Waldläufer Jack, der mit seinem lichten Wesen und einer List den Herrn der Finsternis besiegt. Dieser will nichts Geringeres als die Weltherrschaft. Um sein Ziel zu erreichen, schreckt er auch nicht davor zurück, die Einhörner zu töten. Denn die Legende sagt: Wenn das letzte Einhorn-Horn zerbricht, wird die Welt in Kälte und ewige Nacht gehüllt. Für den Herrn der Finsternis das Paradies. Ein Einhorn kann der böse Fürst bezwingen, doch das zweite wird von Jack und einer Schar Elfen, Magiern und Waldgnomen gerettet. Zum Lohn bekommt Jack das Herz der schönen Prinzessin Lily. Wir gönnen es ihm! FSK: 12.

Träume

Träume sind keineswegs Schäume. Und schon gar nicht, wenn ein Einhorn darin auftaucht. Der Psychoanalytiker C.G. Jung (1875–1961) sah im Einhorn die Versinnbildlichung

seiner These von Anima und Animus, der Einheit von weiblichen und männlichen Anteilen in der menschlichen Seele. Diese Archetypen zeigen sich in Symbolen, die durchaus schematisch und klischeehaft sind. Männliches wird mit aktiven, handelnden, kraftvollen Eigenschaften beschrieben, Weibliches ist passiv, hinnehmend, ausgleichend.

Schubladendenken? C.G. Jung war ein Kind seiner Zeit, und in der noch jungen Lehre von der Traumdeutung war kein Platz für Diversität und Gendering. Nur das Einhorn hob diese Geschlechterstereotype auf. Es ist, genau genommen, das erste Symbol für Transgender, weicht von heterosexuellen Normen und der ihm zugewiesenen Geschlechterrolle ab, ist asexuell und sexuell, männlich und weiblich zugleich. C.G. Jung findet denn auch: Ein Einhorn, das einem im Traum erscheint, ist die Verkörperung des Selbst in seiner Vollendung! Starke These, der wir gerne folgen. Denn wie heißt es so schön? »Sei du selbst, außer du kannst ein Einhorn sein. Dann sei ein Einhorn.«

Sein Kollege und Rivale Sigmund Freud sah das anders. Der deutet das Einhorn, ganz im Sinne seiner Sexualtheorie, eher, ähm, sagen wir mal, eindimensional. Ein Horn ist ein Phallussymbol. Und wer vom Einhorn träumt, der will auf's Horn nehmen oder auf's Horn genommen werden. Auch das – eine starke These.

Tunnelblick

Die Bundesstraße 29 zwischen Waiblingen und Nördlingen ist eine der ältesten durchgehenden Straßen in Deutschland und wurde im 18. Jahrhundert auch württembergische Staatsstraße Nr. 36 genannt. Auf dem Streckenabschnitt Lorch-West–Schwäbisch Gmünd führt die zweispurige Fahrbahn durch einen 2200 Meter langen Tunnel: den Gmünder Einhorn-Tunnel.

Der Wunsch, eine überdachte Trasse durch die Stadt zu bauen, reifte erstmals 1970. Der Tunnelblick auf große Pläne bei gleichzeitig beschränkten Möglichkeiten führte jedoch zu Fehlplanungen, Verzögerungen und Nachbesserungen. Als der Tunnel im Jahre 2013 eröffnet wurde, schlug er schließlich mit 280 Millionen Euro zu Buche. Er gilt als die teuerste Ortsumgehung in Deutschland. Aber so ist das mit Einhörnern, sie sind eben kostspielig.

Übersetzung

Das Einhorn hat viele Namen. Im Englischen heißt es: unicorn, im Französischen: licorne, im Spanischen: unicornio, im Italienischen: unicorno, im Lateinischen: unicornus, im Griechischen: monókeros, im Chinesischen: Dú jiǎo shòu, im Koreanischen: ilgagsu, im Niederländischen: eenhoorn. Im Holländischen, Chinesischen und Koreanischen ist es ein Neutrum, im Spanischen, Italienischen, Lateinischen und Griechischen männlich.
Nur im Französischen ist es weiblich. O là là.

Unabhängigkeitserklärung

Als am 18. Juli 1776 vom Ostbalkon des Bostoner Massachusetts Town House endlich die Unabhängigkeit Amerikas von Großbritannien proklamiert werden sollte, wurde ein Einhorn Zeuge einer Panne: Der örtliche Sheriff William Greenleaf trat vor die jubelnde Menge, um die Erklärung zu verlesen, aber ihm versagte – oh Schreck! – die Stimme. Aus Rührung? Aus Ergriffenheit? Oder war es nur eine einfache Erkältung? Jedenfalls sprang Colonel Thomas Crafts, ein Revolutionär aus der Clique der sogenannten Sons of Liberty, alles Befürworter der Unabhängigkeit, ein und verlas mit lauter Stimme die berühmte Rede von Thomas Jefferson: »Wir halten diese Wahrheiten für ausgemacht, dass alle Menschen gleich erschaffen worden, daß sie von ihrem Schöpfer mit gewissen unveräußerlichen Rechten begabt worden, worunter sind Leben, Freyheit und das Bestreben nach Glückseligkeit.« Der Rest ist Geschichte.
Die Menge war außer Rand und Band. Hüte flogen hoch! Fähnchen wedelten! Zwei von drei Bostoner Bürgern unterstützten die Revolution und wollten sich von der Krone lossagen.

Deshalb nahmen sie auch sofort Sturm auf das Einhorn und den Löwen, die englischen Wappentiere, die die Fassade des britischen Verwaltungsgebäudes schmückten. Sie holten die Figuren vom Dach und verbrannten sie in einem Freudenfeuer auf der King Street. Doch der Feuertod des Einhorns war nicht von Dauer. Es wurde – typisch Einhorn! – wiederbelebt. Um 1880 war das Haus vom Abriss bedroht. Eine Initiative setzte sich für den Erhalt ein. Sie trotzte den Stadtplanern und errichtete in dem Old State House, wie es nun hieß, eine Art Heimatmuseum. Dazu zählte auch die originalgetreue Wiederherstellung der beiden verbrannten Figuren. Nach über hundert Jahren Unabhängigkeit sah man den Umgang mit den Symbolen der englischen Kolonialmacht etwas gelassener. Das Einhorn und sein Kumpel, der Löwe, wurden rekonstruiert und wieder am Originalplatz auf dem Dach angebracht.

Dort ist es nun beliebte Kulisse für Touristen, die sich von der Washington Street darunter mit dem Einhorn auf ein Selfie zwängen. Ob sie etwas von der Geschichte ahnen?

Unsichtbares rosafarbenes Einhorn

Gott ist tot, es lebe Gott! Wie ist das möglich? Es ist wohl kein Zufall, dass für Diskussionen über die Existenz Gottes ausgerechnet das Einhorn rangeholt wird, dessen Existenz ebenfalls bestritten wird. In religionskritischen Netzforen werden Glaubensfragen am Beispiel des »Unsichtbaren rosafarbenen Einhorns« diskutiert, einer weiblichen Fun-Gottheit. Der lustige Ton der Diskussion um das IPU (Abkz. für engl. invisible pink unicorn) entspricht dem Ton der Netzkultur. Eine beliebte Praktik ist es, in religiösen Texten den Namen Gottes durch IPU zu ersetzen, etwa in Johannes 1:1-2: »Im Anfang war das Wort, und das Wort war beim unsichtbaren rosafarbenen Einhorn, und das

unsichtbare rosafarbene Einhorn war das Wort. Dasselbe war im Anfang beim unsichtbaren rosafarbenen Einhorn.« Was ist damit gewonnen? 1. Es macht Spaß. 2. Es zeigt, dass Glaube widersprüchlich sein kann. 3. Man erkennt, dass, wer glaubt, durchaus an etwas glauben kann, dessen Existenz von anderen angezweifelt wird. 4. Man kann religiöse Fragen diskutieren, ohne die religiösen Gefühle von Gläubigen zu verletzen. Und 5. klärt es endlich das große Rätsel um die verschwundenen Socken. Diese werden vom unsichtbaren rosafarbenen Einhorn als Zeichen von großer Zuneigung entwendet. Es ist also ein göttliches Kompliment.

Ur-Einhorn

Wie jedes andere Lebewesen hat auch das Einhorn einen Ur-Ahnen. Sein Stammbaum beginnt mit dem stolzen Re'em.

Dies wird gleich acht Mal in der Bibel erwähnt. Wenn das mal keine göttliche Referenz ist! Das Re'em wird als kraftvolles, imposantes und gehörntes Landtier bezeichnet, das sich durch niemanden einfangen lässt. Es lehrt sogar den Löwen die Angst.

Aber neuere Ahnenforscher zweifeln an der edlen Abstammung des Einhorns vom Re'em. Sie zweifeln sogar daran, dass das Re'em überhaupt ein Ur-Einhorn war, sondern glauben, dass es sich eher um einen Wildochsen, Büffel oder gar ein Nashorn gehandelt habe. Gemein! Denn sie machen dem Einhorn damit den Thron streitig.

Als würdigen Ausgangspunkt der stolzen Blutslinie bringt die Forschung nämlich den Wildstier oder Auerochsen ins Spiel. Tatsächlich ähnelt der Bos primigenius, wie sein zoologischer Name heißt, dem Ur-Einhorn in vielerlei Hinsicht. Er hat eine Schulterhöhe von bis zu einem Meter achtzig, seine Körperlänge misst drei Meter. Ein Bulle bringt es auf eine Tonne Gewicht. Das sind tatsächlich biblische Ausmaße! Er war nicht zähmbar und angriffslustig, so wie die Bibel das Re'em beschreibt.

Doch ob das Einhorn tatsächlich vom Auerochsen abstammt, ist nicht mehr festzustellen. Mit der DNA-Probe dürfte es schwierig werden. Denn der Auerochse, der im gesamten eurasischen Raum beheimatet war, gilt seit Anfang des 17. Jahrhunderts als ausgerottet.

Letztlich ist die Frage der Herkunft auch ohne Nachweis klar. Denn so ähnlich Auerochse und Re'em sich auch sind, sie unterscheiden sich in einem physischen Detail voneinander – und das ist nun einmal ausschlaggebend. Der Auerochse hat zwei Hörner, aber das Ur-Einhorn nur eins.

Vegan

Ob im alten Babylonien, in Indien, im sagenhaften China oder in unseren Regionen – das Einhorn ist so sanftmütig, dass es keinem Tier etwas zuleide tun kann. Aus diesem Grund ernährt es sich auch rein pflanz-lich. In der veganen Szene wird es deswegen als inoffizielles Wappentier verehrt. In ihm vereinen sich alle Eigenschaften, die in der Bewegung hochgehalten werden: Es ist tierlieb, freundlich, lebensfroh, und es setzt alles daran, die Welt zu retten.

Im veganen Warenspektrum zeigt sich diese Affinität ebenfalls. Es gibt vegane Einhorn-Kekse, -Riegel, -Säfte und gar -Kondome.

Einhörner und Veganer teilen jedoch nicht nur ethische Grundsätze, sondern auch ihren Ehrentag: Der 1. November ist sowohl »Internationaler Tag des Einhorns« als auch Weltvegantag. Klar, dass man sich da zusammentut.

Venedig

Zum Schatz des Markusdoms zählen neben goldenen Ikonen und diamantbesetzten Reliquien auch zwei Einhorn-Hörner. Sie sind eine Schenkung von Kreuzrittern des vierten Kreuzzuges. Doch was klingt wie eine milde Gabe, ist in Wahrheit Beutekunst, an der Blut klebt. Denn der vierte Kreuzzug endete in einem Massaker. Doch von Anfang an: Die Lage um 1200 war unübersichtlich. Auf der einen Seite gab es Papst Innozenz III., der sich nicht nur eine Befreiung Jerusalems von den muslimischen Eroberern wünschte, sondern auch eine Wiedervereini-gung der seit 1054 abtrünnigen orthodoxen Kirche von Byzanz mit Rom.

Andererseits war sein Kreuz-fahrerheer pleite und deshalb anhängig von seinen venezianischen Finanziers. Es gab also drei Parteien mit drei verschiedenen Interessen: den Papst, die venezianischen Kaufleute, die Kreuzfahrer. Sie alle gingen dem abgesetzten byzantinischen Kaiser Isaak II. auf den Leim. Er lockte sie nach Konstantinopel, indem er jedem, der ihm bei seiner erneuten Inthronisierung half, das versprach, was er sich wünschte. Den Soldaten Gold, dem Papst eine Reunion, den Venezianern Handelsprivile-gien.

Doch Isaak starb, und sein Nachfolger dachte gar nicht dran, das Versprechen einzulö-sen. Ein Fehler. Der Unmut der Krieger entlud sich in einem Höllensturm aus Plünderung, Mordbrennerei und Verheerung. Tausende Menschen wurden abgeschlachtet, die kostbaren Kulturschätze aus den märchenhaft geschmückten Kirchen geraubt, zerschlagen, zerstört oder verschleppt. Unter ihnen die lebensgroße, vergoldete Pferde-Quadriga, die einst die Galerie des Markusdoms schmückte. (Heute sind es Kopien, die Originale stehen im Museo Marciano.) Und die beiden Einhorn-Hörner, die man nun für einen Eintritt von zwei Euro in der Schatzkammer besichtigen kann.

Verbot

Obwohl Rom eine schmutzige Kampagne – alles Häresie! – gegen Luther und seine Lehre gestartet hatte, gewann dieser bei der breiten Masse immer mehr Zuspruch. Zeit, eine Strategie für die eigene Sache zu entwickeln. Immerhin war die Kirche schon einmal gespalten worden, nämlich in Ost- und Westkirche. Das galt es zu vermeiden.

Im Jahr 1545 lud deshalb der oberste Hirte Papst Paul III. über zweihundert Kirchenleute zum allgemeinen Brainstorming ein (»jeder frei, seine Meinung in Sachen des Glaubens und der Sitte auszusprechen …«). Im Konzil von Trient erörterten die Geistlichen neben Glaubensfragen vor allem den Umgang mit den ketzerischen Lehren aus Deutschland.

Zwanzig Jahre und zwei Nachfolger später standen die Leitlinien fest: Zurück zur reinen Lehre Christi, weg von jeglichem Aberglauben. Das fruchtbare Biotop des Volksglaubens, in dem liebliche Tierallegorien Blüten trieben, wurde trockengelegt. Das Artensterben christlicher Symboltiere begann. Auch das Einhorn wurde durch dieses Dekret ausgerottet, und das beliebte Motiv von der Jungfrau mit dem Einhorn verschwand aus dem kirchlichen Kanon.

Vermögen

Als Elizabeth am 17. November 1558 den englischen Thron besteigt, ist sie 25 Jahre alt. Jahre der Demütigungen und der

Angst liegen hinter ihr: Ihre Mutter Anne Boleyn wurde geköpft, Elizabeth selbst als heranwachsende Prinzessin immer wieder vom Hofe verbannt und ins Gefängnis gesteckt, ihr Leben bedroht. Es war ungewiss, ob sie jemals Königin von England werden würde. Und dann wurde sie es doch. Schicksal? Intrige? Ein Versehen? Jedenfalls ein Grund zum Feiern. Ihre unerwartete Thronbesteigung zelebrierte Elizabeth mit einem Geschenk, das dem Anlass mehr als würdig war. Französischer Champagner? Pah, Elizabeth trank lieber Ale. Erlesene Speisen? Die junge Königin liebte Hafergrütze. Nein, sie kaufte sich ein Einhorn-Horn. 170 Zentimeter lang und von einem goldenen Knauf gehalten. Die Inventarliste dieses Jahres führt die Neuanschaffung gleich an erster Stelle – nämlich da, wo der kostbarste Gegenstand des Kronschatzes aufgeführt wird. Sein Wert entsprach damals zehntausend Pfund.

Das klingt jetzt gemessen an heutigen Kunstschätzen nicht so exorbitant viel. Aber wenn man bedenkt, dass ein gefragter Zimmermann im Schnitt auf rund fünfzig Pfund Jahresgehalt kam, ist das schon ein hübsches Sümmchen. Der Dramatiker Thomas Dekker, der zur Zeit Elizabeth I. in London wirkte, sagte angesichts dieser Kostbarkeit: »Das Horn ist so viel wert wie eine halbe Stadt.«

Virgin, Like a

Die beste Freundin des Einhorns ist die Jungfrau. Im Mittelalter entstanden zahlreiche Abbildungen von Freund und Freundin. Es gab Gemälde, Fresken, Teppiche, Schnitzereien, Stiche und Plastiken, die das Einhorn mit der Jungfrau zeigen: ein Supreme-Team, Best Friends Forever.

Die Jungfrau ist nämlich die Einzige, die sich dem Einhorn nähern darf, ohne aufgespießt zu werden. Ein Umstand, den die mittelalterlichen Jagdgesellschaften gerne ausnutzten. Sie setzten die Jungfrau als Köder ein, rissen das Einhorn von ihr weg und schenkten es dem König, um ihren Lohn für die erlesene Beute einzufordern. Die Jungfrau blieb alleine im Wald zurück. Gemein!

Nicht nur weil beide Freunde sind, haben Einhorn und Jungfrau eine sehr intime Beziehung. Das legen zumindest Schilderungen nahe, die im mittelalterlichen Volksglauben die Runde machten. Da ging es zwischen Einhorn und Jungfrau nämlich durchaus zur Sache. Es blieb zwischen den beiden nicht nur bei ein bisschen Bussi-Bussi, sondern das Einhorn legte seinen Kopf in den Schoss der Jungfrau und trank von ihren Brüsten. Schoß, Horn, Brüste. Mamma mia! Man muss nicht Dr. Freud gelesen haben, um diese Anspielungen zu verstehen.

Fraglich bleibt nur, warum eine Jungfrau stillen kann, wo doch dies erst nach der Geburt eines Kindes möglich ist. Aber die Jungfrau in dieser Allegorie war eben nicht irgendeine Jungfrau, sie war die Jungfrau schlechthin, nämlich die Heilige Maria. Und bei ihr läuft ja nun auch einiges anders als bei anderen Frauen, wie wir aus der Bibel wissen.

Die Jungfrau stand in diesem Bild für Maria, das Einhorn für Jesus, den sie selbstverständlich gestillt hat. Die Jagd steht für die Opferung Jesu. Und das Einhorn-Horn war eben kein Verweis auf etwas, was man anspielungsreich mit »aufs Horn nehmen« deuten kann, sondern ein Hinweis auf den einen Gott im Himmel.

Volkslieder

Auch im Mittelalter gab es den Unterschied zwischen E- und U-Kultur. Die elitäre Kultur des Hofes, davon können wir uns heute ein Bild machen. Aber was sangen die einfachen Leute? Was die Magd auf dem Weg zum Stall? Was der Bauer auf der Fahrt in die Stadt, wo er an Markttagen seine Waren verkaufte? Was die Frauen

beim Spinnen, die Männer beim Sensen? Einen seltenen Einblick in die mittelalterliche Alltagskultur bietet ein zerfledderter Flyer aus dem Jahr 1505, der im Vatikan verwahrt wird.

In der ersten Strophe wird – typisch für Volkslieder – eine schöne Landschaft mit Wald und blühenden Rosen beschrieben. Dann taucht das Einhorn auf. Hören wir hin:

Der Jeger der nam des klanges eben war,
er jagte den Einhorn gantz lieblich und offenbar,
der Einhorn west sich edel, er west sich gantz hochgeboren,
Gott hat jn selber außerkoren.
Der Einhorn west sich Edel er west sich weiß,
er hielt sich eben auff einem schmalen steig,
wie das jn kein Man auff erden solte fahen,
er wer dann zumal ein seuberliches Junckfrewlein.
Nun höret wunder ding vnnd die sindt groß,
vor freuden schwang sich der selbig Einhorn,
Maria der junckfraw wol inn die schoß,
ir freud vnnd die ward groß.
Der Einhorn warff sich zu rück, wol in den grünen Wald,
sein gewerb das ist manig tausentfalt,
Sein künheit die kan niemandt außglosieren,
sein weißheit ist aller welt ein zile.

Usw. usf. Zum Schluss ist der Heiland geboren und allen Sündern verziehen.

Leider ist die Melodie nicht erhalten. Wie wurde das Lied wohl angestimmt? Mit Scooters »Hyper Hyper« wird es wohl nicht gewesen sein. Aber vielleicht mit »Sah ein Knab' ein Röslein steh'n, Röslein auf der Heiden …«?

Währung

So unbeliebt König Jakob III. von Schottland auch war, er schenkte seinen Leuten eine Münze, die zwischen 1484 und 1525 eines der begehrtesten Besitztümer des Mittelalters war: das Unicorn. Das Geldstück trägt diesen Namen, weil auf der Vorderseite ein gekröntes Einhorn eingeprägt war. Tatsächlich erweist sich die Münze als so kostbar wie ein echtes Einhorn. Das Geldstück war aus purem Gold, wog 3,78 Gramm und war achtzehn Schilling wert. Der steigende Goldpreis wertete die Münze innerhalb der kurzen Spanne seiner Verbreitung sogar auf 22 Schilling auf. Das ist nicht wenig, wenn man bedenkt, dass ein Schilling heutzutage eine Kaufkraft von dreißig Euro hätte. Ein Unicorn kommt also auf 660 Euro.

Ein großer Vorteil war es also, wenn man zu den wenigen Begünstigten zählte, die die schottischen Könige damit beschenkten und einzunehmen versuchten. Wie etwa den britischen Botschafter Lord Darce, der von König Jakob IV. im Jahre 1503 mit hundert Unicorns überschüttet wurde. Heute wären das 66 000 Euro. Ein warmer Regen, mit dem sich schon etwas anfangen lässt. Ein Exemplar der seltenen Münze findet man in der Abteilung für Münzen und Medaillen im berühmten Britischen Museum in London. Und wir stellen uns vor, wie wir mit nur einem dieser Goldstücke Lokalrunde um Lokalrunde spendiert oder mit ein paar mehr gleich das ganze Lokal gekauft hätten.

Wappen

Das Einhorn hat als Wappentier eine internationale Karriere hingelegt. Es gilt als gemeine Figur und als Symbol für den Adel, als oberster Richter über

Gut und Böse. In der Heraldik wird es meist als Pferd mit einem Horn dargestellt. Allerdings sind die Hufe wie bei einer Ziege gespalten, und der Schweif gleicht dem Schwanz eines Löwen. Oft wird es auch zum Schildhalter degradiert – zeigt sich aber auch da in stolzer aufsteigender Pose.

Berühmt ist das Einhorn aus dem schottischen Wappen. Über die Vereinigung mit dem englischen Löwen zum Dreamteam des Britischen Weltreichs kam es auch in die ehemalige Kolonie Kanada. Auch dort regiert nun das Einhorn.

Aber nicht nur große Nationen erheben das Einhorn zu ihrem Wappentier, auch auf lokaler Ebene zeigt es sich vielfach als Schutzpatron.

Hierzulande ist wohl das Einhorn von Schwäbisch Gmünd am längsten im Dienst. Es entstammt einem Siegelabdruck auf einer Urkunde von 1277! Seitdem trägt die Stadt das Tier in aufgerichteter, wehrhafter Haltung in seinem Signet. Landauf und landab schwören noch andere Gemeinden auf die Kraft des Einhorns. Auffällig ist die hohe Einhorn-Dichte im Süddeutschen Raum und im Fränkischen. Hier eine Auswahl:

- Affing (Landkreis Aichach-Friedberg, Bayern)
- Bannholz (Ortsteil von Weilheim, Landkreis Waldshut, Baden-Württemberg)
- Billafingen (Landkreis Bodenseekreis, Baden-Württemberg)
- Billingsbach (Ortsteil von Blaufelden, Landkreis Schwäbisch Hall, Baden-Württemberg)
- Christes (Landkreis Schmalkalden-Meiningen, Thüringen)
- Dachtmissen (Ortsteil von Burgdorf, Region Hannover, Niedersachsen)
- Finningen (Landkreis Dillingen an der Donau, Bayern)
- Giengen an der Brenz (Landkreis Heidenheim, Baden-Württemberg)
- Glashütten (Landkreis Bayreuth, Bayern)
- Grafenreuth (Ortsteil von Thiersheim, Landkreis Wunsiedel i. Fichtelgebirge, Bayern)
- Herlikofen (Stadtteil von Schwäbisch Gmünd, Landkreis Ostalbkreis, Baden-Württemberg)
- Hessental (Ortsteil von Schwäbisch Hall, Landkreis Schwäbisch Hall, Baden-Württemberg)
- Landkreis Scheinfeld (Mittelfranken, Bayern)
- Lautern (Ortsteil von Heubach, Landkreis Ostalbkreis, Baden-Württemberg
- Leeden (Ortsteil von Tecklenburg, Kreis Steinfurt, Nordrhein-Westfalen)
- Lichtenberg im Frankenwald (Landkreis Hof, Bayern)
- Marktrodach (Landkreis Kronach, Bayern)

- Marxgrün (Stadtteil von Naila, Landkreis Hof, Bayern)
- Memhölz (Ortsteil von Waltenhofen, Landkreis Oberallgäu, Bayern)
- Mistelgau (Landkreis Bayreuth, Bayern)
- Nußdorf im Chiemgau (Landkreis Traunstein, Bayern)
- Oberried (Landkreis Breisgau-Hochschwarzwald, Baden-Württemberg)
- Opfenbach (Landkreis Lindau-Bodensee, Bayern)
- Reichling (Landkreis Landsberg am Lech, Bayern)
- Röslau (Landkreis Wunsiedel am Fichtelgebirge, Bayern)
- Rugendorf (Landkreis Kulmbach, Bayern)
- Schackstedt (Ortsteil von Aschersleben, im Salzlandkreis, Sachsen-Anhalt)
- Scharzfeld (Ortsteil von Herzberg am Harz, Landkreis Göttingen, Niedersachsen)
- Schönau (Landkreis Rottal-Inn, Bayern)
- Schondorf am Ammersee (Landkreis Landsberg am Lech, Bayern)
- Tengen (Landkreis Konstanz, Baden-Württemberg)
- Tessenow (Landkreis Parchim, Mecklenburg-Vorpommern)
- Thülen (Hochsauerlandkreis, Nordrhein-Westfalen)
- Welschingen (Ortsteil von Engen, Landkreis Konstanz, Baden-Württemberg)
- Wötzelsdorf (Landkreis Kronach, Bayern)
- Zindelstein (Ortsteil von Donaueschingen, Landkreis Schwarzwald-Baar-Kreis, Baden-Württemberg)

Auch außerhalb von Deutschland sind Einhorn-Wappen verbreitet. Eine hohe Dichte zeigt sich in Österreich. Hier sind zu nennen die Gemeinden Seefeld, Mils bei Hall, Lunz am See, Kaisersdorf und Perg. In der Schweiz regiert das Einhorn über Cadro, Mettmenstetten und Ramosch. Tschechien wartet mit Bludenz, Vážany nad Litavou und Praslice auf. Auch in Frankreich ist das Einhorn weit verbreitet, etwa in Amiens,

Moissey, Corvol-l'Orgueilleux, Saint-Lô und Saverne.

Als Einhorn-Gemeinden im Vereinigten Königreich sind exemplarisch zu nennen: Ards, Highlands Council sowie Dumfries and Galloway. Es gibt Wappen-Einhörner in Ungarn (Eger), Russland (Lyswa) und der Ukraine (Nemyriw). Die City of Kinston im US-Staat North Carolina beansprucht das Einhorn als Schutzpatron für sich. Ebenso Gosnells, ein Vorort der australischen Stadt Perth, der wegen seiner Nähe zum Meer zwei aufgerichtete See-Einhörner in seinem Schild zeigt.

Wechselkurs

Im Mittelalter wog man die Dinge in Unzen auf. Wertvolle Dinge wie Edelmetalle sogar in Feinunzen. Eine Feinunze entspricht 31,3 Gramm. Wer eine Unze Gold besaß, hatte ein paar Monate lang keine Sorgen und den besten Tisch im Wirtshaus. Dennoch konnte das edle Metall nicht mit dem edelsten aller Fabeltiere mithalten. Denn eine Unze Einhorn wurde mit zwanzig Unzen Gold aufgewogen. Erst im 17. Jahrhundert fiel der Kurs.

Wer ist am schönsten im ganzen Land?

Würde das Einhorn in einem Bewerbungsgespräch gefragt: »Was, denken Sie, sind Ihre schlechten Eigenschaften?«, müsste es ehrlicherweise antworten: »Ich bin eitel. Sehr eitel sogar.« Der Beweis dafür findet sich in zahlreichen Bildern, die es zeigen, wie es sich selbstvergessen im Spiegel oder in ruhenden Seen betrachtet. Aber wer will seinem zukünftigen Arbeitgeber gegenüber schon die ganze Wahrheit eingestehen?

Das Einhorn ist nämlich mehr als nur eitel, es ist brüllstolz auf sich und seine Vollkommenheit. Ja, es ist geradezu besessen von sich selbst. Liegt es daran, dass es meist zur Einsamkeit verdammt ist? Dass es, wenn es einen Artgenossen sehen will, sich tatsächlich nur im Spiegel betrachten kann? Oder liegen die Gründe tiefer?

Wir wissen wenig über die Psyche des Einhorns. Aber sein Narzissmus ist offensichtlich und lässt auf eine gestörte Mutter-Kind-Bindung schließen. Erschwerend kommt hinzu, dass das Einhorn ja auch wirklich verdammt gut aussieht. Doch so viel Selbstbesoffenheit wirkt sich auch auf den Charakter aus: Das Einhorn sieht auf andere Tiere herab. Das würde es niemals zugeben, aber einmal ist es ihm versehentlich herausgerutscht – und zwar in dem Film »Das letzte Einhorn«. Als lebendes Ausstellungsstück in Mommy Fortunas Menagerie gefangen, versucht es sich zu befreien, indem es die anderen Tiere schlechtmacht.

Es ist offensichtlich: Das Einhorn ist kein Teamplayer. Jeder kluge Personaler wird es mit den Worten entlassen: »Don't call us, we call you.«

Westeros

Man muss schon lange suchen, bis man in der Monumental-Sage »Das Lied von Eis und Feuer« ein Einhorn findet. Aber George R.R. Martin hat es nicht vergessen. Es hält sich an einem kleinen Ort in den Westlanden versteckt. Zumindest in den Büchern, in der Verfilmung kommt es gar nicht erst vor. Ein purpurfarbenes, aufsteigendes Einhorn ist nämlich das Wappentier des Hauses Brax von Horntal. Das Haus geht zwar aus der Verbindung der Ersten Menschen und der Andalen hervor und ist somit sehr alt. Es hat aber nur wenige Gastauftritte. Die Braxens sind Vasallen des Hauses Lennister. Sie schlagen sich in der Schlacht am Grünen Arm und in der Schlacht am Wisperwald für ihre Lehnsherren. Und sie nehmen an feierlichen Turnieren in Königsmund teil. Das war's auch schon.

Lord Brax versuchte einst, einen seiner tapferen Söhne mit Lysa Tully zu verheiraten. Damit wäre ein enormer Aufstieg für das unbedeutende Haus verbunden gewesen. Denn Lysa ist die Schwester von Lady Catelyn Starks und die Starks sind, wie wir alle wissen, die wahren Herrscher des Nordens. Aber das Vorhaben scheiterte. Und so müssen wir »Das Lied von Eis und Feuer«-Fans eben etwas länger nach dem Einhorn suchen.

Whisky

Die Brennerei Fettercairn aus Laurencekirk ist die zweitälteste Whiskey-Destille Schottlands. Legale Whiskey-Destille wohl bemerkt. Denn Schwarzbrennerei hatte in den Highlands eine jahrhundertealte Tradition. Diesem Treiben aber wurde mit dem Excise Act von 1823 ein Ende gesetzt. Fortan brauchte man fürs Brennen eine Lizenz, die aber kostete zehn Pfund pro Jahr. Ein Vermögen, das nur wenige zu zahlen bereit waren. Einer von ihnen war Fettercairn-Gründer Sir Alexander Ramsay. Mit seiner Entschei-

dung zog er den Zorn der ganzen Umgebung auf sich. Egal: Die Destille gibt es noch heute. Obwohl sie international gerühmte Single Malts anbietet, die mit Quellwasser aus den Cairngorms-Bergen angesetzt werden und in alten Bourbonfässern bis zu über zwanzig Jahre reifen, zählt sie umsatzmäßig eher zum unteren Mittelfeld der 111 legalen schottischen Brennereien. Grund ist das schwache Produktionsvolumen: Die Brennerei stellt nur 1 600 000 Liter Whisky pro Jahr her.

Bestseller der Brennerei ist eine recht junge Marke namens Fettercairn Fior, die erst seit 2010 auf dem Markt ist. Kenner schwören auf die komplexe Kombination von Birne-, Vanille-, Stachelbeer-, Schokolade- und Torf-Aromen. Banausen hingegen kaufen die Flasche (0,7 Liter, ca. vierzig Euro) nur wegen ihres Etiketts. Darauf prangt nämlich auf feuerrotem Untergrund ein silberweißes Einhorn. Slóinte [ˈslaːntʃə]!

William Shakespeare

Zweimal trabt das magischste aller Tiere durch die fabelhafte Welt des William Shakespeare. Das ist noch recht selten. Denn zu seinen Lebzeiten (1564–1616) war ganz England im Einhorn-Fieber. Das zeigt sich auch am Gestühl der Dreifaltigkeitskirche in Stratford-upon-Avon, wo Shakespeare getauft und auch begraben wurde – und in seiner Kindheit und Jugend vielen Gottesdiensten beigewohnt hat. Auf den Stützbrettern der Chorsitze zeigt sich neben Märchengestalten wie Meerjungfrauen und Meermännchen auch das christlichste aller Fabeltiere: das Einhorn als Allegorie auf den sterbenden Christus. Shakespeare hat sie jedes Mal gesehen, wenn er in die Kirche gegangen ist.

Die Nähe des Tieres zu sagenhaften Geschöpfen wird ihm seinen Zweifel an der Existenz von Einhörnern eingepflanzt haben. In seinen Dramen begegnet er ihnen mit Skepsis. Das Einhorn ist bei ihm Zeichen für Schein, Aberglaube und ein allmähliches Abdriften in den Wahnsinn. Ein Märchentier eben. Und nicht ganz dicht ist, wer an es glaubt. Schauen wir hin.

1. Beispiel: »Die Tragödie des Julius Caesar« (1599), zweiter Aufzug, erste Szene: Cassius und Decius lästern über Caesar.

»CASSIUS.
Doch zweifl' ich noch,
Ob Cäsar heute wird erscheinen wollen.
Denn kürzlich ist er abergläubisch worden,
Ganz dem entgegen, wie er sonst gedacht
Von Träumen, Einbildung und heil'gen Bräuchen.
Vielleicht, daß diese großen Wunderdinge,
Daß ungewohnte Schrecken dieser Nacht
Und seiner Augurn Überredung ihn
Entfernt vom Kapitol für heute hält.

Love is a smoke
made out of the
fume of sights ...

DECIUS.
Das fürchtet nimmer, wenn er
das beschloß,
So übermeistr' ich ihn. Er hört
es gern,
Das Einhorn lasse sich mit
Bäumen fangen.
Der Löw' im Netz, der Elefant
in Gruben,
Der Bär mit Spiegeln und der
Mensch durch Schmeichler.

Doch sag ich ihm, dass er die
Schmeichler hasst,
bejaht er es, am meisten dann
geschmeichelt.«

2. Beispiel: »Der Sturm« (1611),
dritter Aufzug, dritte Szene:
Prospero, der rechtmäßige
Herzog von Mailand, und sein
illustres Gefolge finden Asyl auf
einer Zauberinsel, wo sie von

einem magischen Ambiente
umgeben sind.
Verschiedne seltsame Gestalten kommen und bringen eine
gedeckte Tafel. Sie tanzen mit
freundlichen Gebärden der
Begrüßung um dieselbe herum,
und indem sie den König und
die übrigen einladen zu essen,
verschwinden sie.

»ALONSO.
Verleih' uns gute Wirte, Gott!
Was war das?

SEBASTIAN.
Ein lebend Puppenspiel. Nun
will ich glauben,
Daß es Einhörner gibt, daß in
Arabien
Ein Baum des Phönix Thron ist
und ein Phönix
Zur Stunde dort regiert.

ANTONIO.
Ich glaube beides;
Und was man sonst bezweifelt,
komme her,
Ich schwöre drauf, 's ist wahr.
Nie logen Reisende,
Schilt gleich zu Haus der Tor
sie.«

Würfel sind gefallen, Die

Um seinem Glück Beine zu
machen, benutzte man in
Indien zur Zeit der Perserkriege
statt Holzwürfel die Sprunggelenkknochen des indischen
Einhorns. Die asiatischen
Verwandten des europäischen
Einhorns glichen laut Aristoteles einem wilden Esel. Sie
hatten ein weißes Fell, einen
roten Kopf und blaue Augen.
Und sie waren Paarhufer. Ihre
Knochengelenke bildeten einen
kleinen Cubus. Dieser eignete
sich zu Würfelspielen.
Von den Indern kam diese
Sitte zu den Persern, von den
Persern zu den Griechen. Von
den Griechen kam sie zu den
Römern, von diesen zu uns.
Die Römer nannten die Knöchelchen talis. Auf Umwegen
leitet sich das Wort »Talisman«
daraus ab. Auch hier spielt also
das Einhorn letztlich Fortuna.
Ein großer Wurf!

Wurst

Nachdem es in der fleisch-verarbeitenden Industrie aufgrund von Skandalen und Veggie-Trend um die Wurst geht, grillt die lokale Fleischerei Puttkammer aus dem mecklenburgischen Gadebusch jeglichen Vorbehalt. Ihre »Einhorn-Bratwurst« ist der Burner – zumindest im Netz. Nachdem die Firma ihre Neukreation auf Facebook vorgestellt hat, ging die gute Nachricht viral. Über sechs Millionen Mal wurde die Internetseite des mittelständischen Unternehmens bereits aufgerufen. Auch der Absatz steigt rasend, die Produktion zieht nach. Juniorchef Marcel Puttkammer könnte, wenn der Run weiterhin anhält, fünf Tonnen Wurst pro Tag herstellen. Dabei ist die Wurst gar nicht so billig: vier Stück à hundert Gramm kosten circa 3,50 Euro. Was rechtfertigt diesen Preis? Die Einhorn-Wurst ist beim ersten Blick auf die Inhaltsstoffe eine ganz normale Wurst. Sie enthält 78 Prozent Schweinefleisch, diverse Salze, Stabilisatoren, Glutamat.

Erst wenn die Wurst gegrillt oder gebraten wird, entfaltet sie ihre Besonderheit. Ihre Farbe wandelt sich in ein zartes Einhorn-Rosa! Tester sagen: »Es schmeckt wunderbar.« Das ist die Hauptsache. Der Rest ist doch Wurst.

X für ein U(nicorn)

Während wir uns den achten Band von »Sternenschweif« reinziehen, fragen sich Anhänger der analytischen Philosophie, ob es Einhörner überhaupt gibt. Warum sie das tun? Ihnen geht es grob darum, zu beweisen, dass manche Sätze und Behauptungen sinnvoll, manche richtig, manche falsch und Schlüsse, die darauf aufbauen, wahr oder gänzlich plemplem sind.

Diese Mühe ist mit dem nicht unerheblichen Ehrgeiz verbunden, philosophische Thesen genauso beweisbar zu machen, wie Naturwissenschaftler das mit Experimenten tun. Auch Geisteswissenschaftler wollen ihre Versuchsanordnungen, nur, dass hier statt Chemikalien die Köpfe rauchen.

Der Harvard-Professor Willard Van Orman Quine (1908–2000) war ein führender Denker dieser Richtung. Er hat sich sein Leben lang damit beschäftigt, ob und wann Annahmen zulässig sind oder nicht. Das klingt genauso spröde, wie es ist, und vermutlich hat er deswegen das Einhorn-Beispiel in seine Argumentation eingeführt. Er wollte eben zwischen Formeln und Gleichnissen auch von einem bisschen Glitzerstaub berieselt werden. Kann man verstehen, wenn man sich das mal anhört: »›(Ex)(x = Einhorn)‹ falsch, mit Einhorn als singulärem Term – richtig: mit Pegasus als allgemeinem Term ›= Einhorn‹.– Aber: ›(Ex)(x ist Einhorn)‹ ist falsch (wegen Nichtexistenz).« Quine sagt, wir können uns ein Einhorn genau vorstellen und deshalb auch darüber reden. Es ist in unserem Hirn so gegenständlich, dass wir glauben, es existierte wirklich. Das aber ist ein Fehlschluss, unser Geist macht uns ein X für ein U(nicorn) vor.

Seinen Kritikern, die der Meinung sind, dass Einhörner

durchaus existieren, nämlich in Romanen wie »Sternenschweif«, entgegnet er, dass Logik und Mathematik nur auf Konventionen beruhen und nicht auf Übereinstimmungen mit der Realität. Anders gesagt: Wir machen uns die Welt ohnehin, wie sie uns gefällt – und manchmal eben mit Einhörnern.

XXL-Einhörner

Es gibt nur ein Landtier, das wie das Einhorn nur *ein* Horn auf dem Kopf trägt: das Nashorn. Wir wissen nicht, ob unsere prähistorischen Vorfahren oder die frühen antiken Kulturen das Nashorn meinten, wenn sie vom Einhorn redeten. Es ist aber zu vermuten. Denn es hat viele Eigenschaften mit ihm gemein. Es ist sehr menschenscheu, Einzelgänger, frisst nur Pflanzen. Es kann so schnell rennen wie ein Sprinter und ist genauso angriffslustig wie ein Einhorn, wenn es gereizt wird. Und es hat keine natürlichen Feinde.

Aber das Nashorn ist eben nicht so hübsch. Der Kopf ist bullig, die Haut dick und grau. Es kommt je nach Rasse auf bis zu dreieinhalb Tonnen Gewicht, ist im Schnitt drei Meter lang und hat ein Schultermaß von anderthalb Metern. Es ist schwerfällig und massig und wirkt einfach plump.

Wir müssen es beim Namen nennen: Das XXL-Einhorn kann noch so viele Stunden auf dem Laufband abreißen, es wird nie die grazile, rassige Gestalt eines Einhorns haben. Beim Familientreffen wird es behandelt wie die bucklige Verwandtschaft und muss am Katzentisch Platz nehmen.

Das hat es nicht verdient! Denn es ist genauso vom Aussterben bedroht wie die Einhörner. Wie einst das Horn des Einhorns ist auch das Nashorn-Horn heiß begehrt. In der Traditionellen Chinesischen Medizin zahlt man ein Vermögen für echtes Nashorn-Elfenbein. Die UNO schätzt, dass Wilderer und Hehler jährlich über 147 Milliarden

Euro mit illegalem Elfenbein umsetzen. Ein Kilo kostet fünfzigtausend Euro. Für einen Drink mit Nas(ein)hornpulver zahlt man tausend Euro. Angeblich hilft er, die Folgen einer durchzechten Nacht zu mildern. Aber bringt's in so einem Fall nicht auch eine einfache Alka Selzer?

Vom Nördlichen Breitmaul-nashorn existieren wegen dieses Irrglaubens nur noch fünf Exemplare weltweit. Ein Veterinär versucht jetzt mit künstlicher Befruchtung, die Rasse zu retten. Hoffen wir, dass es ihm gelingt und das Nördliche Breitmauleinhorn nicht als das letzte XXL-Einhorn in das Reich der Legende eingeht.

YOLO (You Only Live Once)

Das Einhorn ist ein Lebensgefühl. Und nichts beschreibt es besser als die Abkürzung YOLO, You Only Live Once. YOLO ist das »Carpe Diem« (Lebe den Tag) der Generation Einhorn. Doch während das römische »Carpe Diem« ein bewusstes und fröhliches Leben im Angesicht des sicheren Todes heraufbeschwört, geht es bei YOLO um Spaß, Lebenslust, Überschwang, Risiko. Trau dich! Tu es! Scheiß auf die Regeln und auf das, was Lehrer, Eltern, Nachbarn und der blöde Lennart aus der elften Klasse sagen. Verbote sind dazu

da, gebrochen zu werden. Take the risk, have fun. Das Leben bietet dir alles, was du willst. Nutze deine Chance. YOLO ist Leichtsinn und ein bisschen wie eine Mutprobe. Jeder, der sich einmal einem Einhorn genähert hat, weiß, welche Adrenalinschübe das auslösen kann. Und wie stark man sich fühlt, wenn man es gewagt hat. YOLO ist der tägliche Wahnsinn, schräg und ein bisschen gefährlich, aber man hat die Dinge im Griff. Isso! Wenn es ein Tier gibt, das YOLO verkörpert, dann das Einhorn. Denn was ist unvernünftiger als ein Tier, das es nicht gibt?

Ysbaddaden Bencawr

Man braucht nicht erst in die Psycho-Kiste zu greifen, um zu wissen: Väter tun sich schwer damit, ihre Töchter zu verheiraten. Kein Mann wird jemals gut genug für Papas kleine Prinzessin sein! Die Weltliteratur ist voll von diesem Konflikt. Und natürlich finden wir ihn auch in den Mythen alter Völker wieder.

Ein Beispiel ist die walisische Sage »Mal y kavas Kulhwch Olwen« (»Wie Kulhwch Olwen errungen hat«) aus dem Sagenkreis um König Arthur.

Im Mittelpunkt der Erzählung steht, wie der Titel schon sagt, das Werben des Helden Kulhwchs um Olwen. Kulhwchs Onkel König Arthur höchstpersönlich hat seinem Neffen die schöne, junge Frau zugesprochen. Deshalb zieht Kulhwchs los, um bei ihrem Vater offiziell um ihre Hand anzuhalten. Pech für ihn: Die Rolle des eifersüchtigen Papas nimmt der furchterregende Oberriese Ysbaddaden Bencawr ein, der jeden Brautwerber tötet. Das hat seinen Grund. Ihm wurde prophezeit, dass er am Hochzeitstage seiner Tochter ermordet würde. Natürlich will er deren Hochzeit mit allen Mitteln verhindern. Da Kulhwchs aber die Attacken des Riesen überlebt, wechselt dieser die Taktik. Sein zukünftiger Schwiegersohn muss neununddreißig Aufgaben erfüllen, bevor er Olwen

heimführen darf – und jede davon ist unlösbar.
Die schwierigste davon ist, dem Eber Ysgithyrwyn die Hauer bei lebendigem Leibe herauszureißen. Kulhwchs braucht dafür die Hilfe seines Onkels Arthur und mehrerer Königssöhne aus dessen Jagdgesellschaft, die das wilde, unzähmbare, einzigartige Tier mit einer List überwältigen.
Jagdgesellschaft, List, wildes Tier, Horn – haben wir alles schon einmal gehört, nicht wahr? Und ob! John Layard (1891–1974), britischer Anthropologe und Psychologe behauptet denn auch, Kulhwchs habe keinen Eber, sondern das sagenhafte Einhorn gejagt. Wie kommt er nur darauf? Die Artussage handelt von der Christianisierung Britanniens, und die Einhorn-Jagd galt als Allegorie auf die Leiden Jesu.

Yummy

Yummy, yummy, yummy, I got love in my tummy. Der Hit von Ohio Express sagt es auf lyrische Weise: Liebe geht durch den Magen. Und die Liebe zum Einhorn sowieso. Das zeigt sich in den Auslagen der Supermärkte und vor allem denen der Konditoreien.
Torten, Muffins, Kekse, Zuckerstangen, Marshmallows, Weingummis, Smoothies werden mit Einhorn-Yummy veredelt. Wer immer auch einen Ladenhüter zu verkaufen hat, mit etwas Einhorn-Tuning wird er zum Bestseller. Glauben Sie nicht? Na, ohne Einhorn-Look schmeckt die Einhorn-Schokolade von Ritter Sport doch auch nur wie eine ganz normale Yogurette.
Das Pimping gelingt mit Zuckerperlen, Lebensmittelfarbe im Regenbogenspektrum, Glitzereffekten, pastelligem Fondant oder einfach nur durch die Form. Einhorn-Ausstechformen erweitern das Angebot eines jeden Haushaltswarengeschäftes und erweisen sich als Publikumsmagnet.
Der Hit auf Kindergeburtstagen: Einhorn-Torte mit Bis-

kuit-Boden in Spektral-Farben, Marzipan-Horn und einem Kern aus vielen bunten Smarties, die herauskullern, sobald man die Torte aufschneidet. (Wer nicht so viel Gewese veranstalten will, schaut auf die Website des Puddingfabrikanten Dr. Oetker. Auch hier erfahren ordinäre Backmischungen mit einem bisschen Glitzer ein Einhorn-Upgrade.)

Auch auf dem deftigen Sektor ist Einhorn-Yummy im Vormarsch. Beliebt sind die Einhorn-Fünfminutenterrine und die Einhorn-Wurst – beides wie die Einhorn-Zuckerbäckerei auch nicht gerade eine gesunde Ernährungsgrundlage.

Mütter rätseln noch, wie sie den unbeliebten Rosenkohl und überhaupt Gemüse ihren Kindern als Einhorn-Yummy unterjubeln können. Kann nicht jemand eine Einhorn-Würze erfinden? Drin-gend!

Z

Zaren-Zepter

Der Aufstieg der russischen
Fürsten zu Herrschern über
ein Weltreich, das von Europa
bis nach Asien reichte, kam
natürlich nicht von allein. Der
Griff nach der Zarenkrone
gelang Iwan IV. dem Schreck-
lichen (1530–1584) nur mit einer
ordentlichen Dosis Einhorn-
Doping.

Das mächtigste aller Fabeltiere zierte ursprünglich sein
privates Siegel, wurde aber mit
der Selbsterhebung Iwans zum
ersten Zaren über alle Russen
ebenfalls in seinem Rang erhöht. Statt auf einem Briefkopf
prangte es nun als kaiserliche
Insigne auf Iwans Wappen.
Seinen Untertanen und den
Gesandten präsentierte sich der
Herrscher mit einem Zepter aus
echtem Einhorn. Ab dann ging
es für ihn bergauf.
Wer seine Gunst erlangen

wollte, schenkte ihm Klein-
odien aus Einhorn-Elfenbein –
so wie sie auch die englische
Königin Elisabeth I. besaß,
an deren Lifestyle sich der
rückständige russische Herrscher orientierte. Eine Hanse-
Delegation hat sich bei ihm
durch Einhorn-Gaben bedeutende Vorteile im Ostseehandel
verschaffen können.
Das Einhorn regierte ungefähr
hundert Jahre lang in Russland.
Dann wurde es vom Doppel-
adler der Romanows verdrängt
und überflügelt. Eine Fehlent-
scheidung? Vielleicht hätte es
den letzten Herrschern Russlands mehr Glück gebracht.

Zauberstab

Wie das Horn des Einhorns
Gifte neutralisieren kann,
eignet sich das Einhorn-Haar
hervorragend für die Herstellung von Zauberstäben. Denn
es ist aufgeladen mit hochkon-
zentrierter Magie.
Wer also eine dieser Einzel-
anfertigungen haben möchte,
muss am Londoner King's-

Cross-Bahnhof über das Gleis 9 ¾ in den Kosmos von Harry Potter eintreten. Dort angekommen geht man am besten direkt in die Winkelgasse zum inhabergeführten Familienbetrieb für Zauberstäbe von Garrick Ollivander.

Er ist ein Meister seiner Kunst und hat die Herstellung von Zauberstäben revolutioniert, indem er statt einer Vielfalt von Substanzen mit diffuser und gegenläufiger Wirkung nur jeweils ein Material für den Kern des Zauberstabs wählt. Meist ist es das Haar eines magischen Geschöpfes.

Einhornschweifhaar gehört zu den mächtigsten Füllungen. Es wird der Länge nach in das Holz eingearbeitet. Doch nur wer eine besondere Hinwendung zur magischen Kraft der Einhörner hat, wird einen Einhornzauberstab bekommen. Denn die Zauberstäbe wählen ihre Besitzerin oder ihren Besitzer selbst, nicht umgekehrt. Man kann nicht in den Laden gehen und danach verlangen.

Berühmte Besitzer von Einhornzauberstäben sind Potter-Rivale Draco Malfoy und Potter-BFF Ron Weasley.

Zeuge, Der erste

Ktesias von Knidos wäre wohl kaum über die überschaubaren Kreise der Altertumsforschung hinaus bekannt, hätte er nicht in seiner Schrift »Indika« (von ca. 398 v. Chr.) über den indischen Subkontinent von einem rätselhaften Tier mit nur einem Horn berichtet. In akademischen Zirkeln wegen seiner Vermischung von Fakten und Fiktion schon zu Lebzeiten umstritten, ist er wegen dieser Erzählung in der globalen Gemeinde der Einhorn-Fans ein Weltstar.

Er gilt als der erste Einhorn-Zeuge überhaupt, obwohl ziemlich sicher ist, dass er selbst nie auch nur ein Einhorn zu Gesicht bekommen hat. Typisch für ihn war seine Neugierde. Er wollte alles wissen und befragte dazu die Menschen, die ihm begegneten. Glücklicherweise traf er als Leibarzt des persischen Großkönigs Artaxerxes II. Mnemon nicht gerade auf Langweiler, sondern – im Gegenteil – auf Reisende aus aller Welt, die sich auch über die Grenzen der bis dahin erschlossenen Gebiete hinauswagten. Etwa in das ferne Indien.

Das sagenumwobene Land mit seiner blühenden Flora und exotischen Tierwelt hatte es ihm und seinen Zeitgenossen angetan. Dort gab es Greife und Mantikoren – Fabelwesen, die die griechische und persische Mythologie bevölkerten. Und es gab Einhörner!

Ktesias war fasziniert, er schreibt: »In Indien gibt es wilde Esel, die genauso groß sind oder sogar noch größer als Pferde. Ihre Körper sind weiß, ihre Köpfe dunkelrot, ihre Augen dunkelblau. Sie haben ein Horn von etwa anderthalb Fuß Länge auf der Stirn. Der Ansatz dieses Horns, der etwa zwei Handbreit über den Brauen liegt, ist reinweiß, der vordere Teil, das Mittelstück nämlich,

ist schwarz.« Und so geht es in einem fort. Ktesias ist völlig aus dem Häuschen.

Und natürlich können neben der Begeisterung über das geheimnisvolle, unzähmbare Tier in seinen Aufzeichnungen auch die heilenden Kräfte nicht fehlen, die seinem Horn zugeschrieben wurden. Ktesias war schließlich Arzt! Er schreibt: »Wer aus einem dieser zu Trinkgefäßen verarbeiteten Hörner trinkt, leidet, wie es heißt, nicht mehr an Magenkrämpfen oder der heiligen Krankheit, der Epilepsie.«

Wen kümmert es ob dieser Schilderungen, ob Ktesias fabuliert hat oder Fakten gesammelt – er hat die Vorstellung, die wir von einem Einhorn haben, bis heute geprägt. Hellas!

Zug. Ein feiner

In den Allgemeinen Beförderungsbedingungen der privaten Fernbahnfirma Locomore (genehmigte Fassung, Stand: 8.11.2016) ist auch die Mitnahme von Einhörnern gere-

gelt. In § 12.6 heißt es: »Abwei-
chend von den Bestimmungen
nach § 12.3 ist die unentgeltliche
Beförderung von Einhörnern
in Begleitung von jeweils
mindestens einem Kind bis
einschließlich vierzehn Jahren

in Mehrzweckabteilen zulässig, sofern die Sicherheit der
Mitreisenden hierdurch nicht
gefährdet wird.« Ein feiner Zug:
Denn für Hunde, die nicht in
eine Handtasche passen, gilt der
Kindertarif.

Einhorn-Quellen

Einhorn-Bücher

Rüdiger Robert Beer: Einhorn. Fabelwelt und Wirklichkeit. München: Callwey, 1972.

Carl Barks: Die Jagd auf das Einhorn. In: Walt Disney's Donald Duck. Sonderheft. Heft 113. Die Jagd auf das Einhorn. Disney Enterprises, 1996. S. 42–66.

Linda Chapman: Sternenschweif – Geheimnisvolle Verwandlung. Stuttgart: Kosmos, 2004.

Lewis Carroll: Alice hinter den Spiegeln. Berlin: Insel, 2014.

John Cherry (Hrsg.): Fabeltiere. Von Drachen, Einhörnern und anderen mythischen Wesen. Stuttgart: Reclam, 1997, 2007.

Tracy Chevalier: Der Kuss des Einhorns. München: List, 2005. S. 24.

Diana Cooper: Das Wunder des Einhorns. München: Heyne, 2011. S. 9.

W. Franklin Dove: Artificial Production of the Fabulous Unicorn. In: The Scientific Monthly. Band 42, Nummer 5, Mai 1936. S. 431–436.

Karen Duve, Thies Völker: Das Einhorn. Das edelste aller Fabeltiere. In: Lexikon berühmter Tiere. Frankfurt am Main: Eichborn, 1997. S. 179.

Wolfram von Eschenbach: Werke. Hrsg. v. Karl Lachmann. Berlin: G. Reimer, 1833. S.232.

Felix Faber: Evagatoriumin Terrae Sanctae, Arabie et Egypti peregrinationem. In: Konrad Dietrich von Hassler (Hrsg.). Online-Ausgabe: https://archive.org/details/fratrisfelicisfoounkngoog. Danke an Cornelius Harz für die Übersetzung. Zitiert nach: Rüdiger Robert Beer. Einhorn. Fabelwelt und Wirklichkeit. München: Callwey, 1972. S. 115

Robert Galbraith: Die Ernte des Bösen. München: Blanvalet, 2017.

Jochen Hörisch (Hrsg.): Das Tier, das es nicht gibt. Eine Text- und Bildcollage über das Einhorn. München: Wilhlem Fink, 2005.

E.T.A. Hoffmann: Prinzessin Brambilla. Ein Capriccio nach Jakob Callot. Online-Ausgabe: http://gutenberg.spiegel.de/buch/prinzessin-brambilla-3105/1. Abruf: 3. Dezember 2017.

Kosmas Indikopleustes: Christian

Topography. Online-Ausgabe: https://archive.org/stream/christiantopogroocosm#page/n9/mode/2up/search/unicorn. Abruf: 15. November 2017.

C. G. Jung: Psychologie und Alchemie. Ostfildern: Patmos, 2011.

Leopold Kretzenbacher: Mystische Einhornjagd. In: Bayerische Akademie der Wissenschaften. Philosophisch-Historische Klasse. Sitzungsberichte. Jahrgang 1978, Heft 6, S. 61.

Chris Lavers: Das Einhorn. Natur, Mythos, Geschichte. Darmstadt: Lambert Schneider, 2009.

John Layard, Anne S. Bosch (Hsg.): A Celtic Quest. Zürich/ Dallas: Spring Publ., 1975.

C. S. Lewis: Der Letzte Kampf. Die Chroniken von Narnia. Band 7. Berlin: Ueberreuther, 2008

Jessica S. Marquis: Raising Unicorns. Avon, MA: adamsmedia, 2011.

Herman Melville: Moby Dick. Online-Ausgabe: http://gutenberg.spiegel.de/buch/-8065/1. Abruf: 5. November 2017.

Christian Morgenstern: Das Einhorn. In: Galgenlieder. 1905. Online-Ausgabe: http://gutenberg.spiegel.de/buch/alle-galgenlieder-5792/5. Abruf: 2. November 2017.

Haruki Murakami: Hard-Boiled Wonderland und das Ende der Welt. Köln: Dumont, 2006.

Robb Pearlmann: 101 Ways to Use a Unicorn. Universe: New York, 2015.

Plinius: Die Naturgeschichte. Erster Band. Übersetzt von Johann Daniel Denso. Rostock und Greifswald: Ferdinand Rösems, 1764.

Marco Polo: Die Reisen des Venezianers Marco Polo im 13. Jahrhundert. Mit einem Bilde Marco Polos. Hrsg. v. Hans Lemke. Hamburg: Gutenberg, 1907.

Josef H. Reichholf: Einhorn, Phönix, Drache. Woher unsere Fabeltiere kommen. Frankfurt am Main: S. Fischer, 2012.

Rainer Maria Rilke: Duineser Elegien/Das Marien-Leben/ Requiem/ Sieben Gedichte/Die Sonette an Orpheus. O.O: Hofenberg, 2016.

Rainer Maria Rilke: Die Aufzeichnungen des Malte Laurids Brigge. Online-Ausgabe: Rilke.de. Abruf: 25. Oktober 2017.

Jake Rossen: The Curious Case of Ringling's Living Unicorn. In:

Mentalfloss. Online-Ausgabe vom 5. Mai 2016. Abruf: 19. August 2017.

J. K. Rowling: Harry Potter und der Stein der Weisen. Hamburg: Carlsen, 2005.

J. K. Rowling: Harry Potter und der Feuerkelch. Hamburg: Carlsen, 2008

William Shakespeare: Der Sturm (1611) und Julius Caesar (1623). Online-Ausgabe: http://www.zeno.org/Literatur/M/Shakespeare,+William/Komödien/Der+Sturm/Dritter+Aufzug/Dritte+Szene. Abruf: 23. September 2017.

Odell Shepard: Lore of the Unicorn. Folklore, Evidence and Reported Sightings. O.O.: Forgottenbooks, 2007.

Gaius Julis Solinus: Sammlung merkwürdiger Dinge. Zitiert nach: Jochen Hörisch (Hrsg.): Das Tier, das es nicht gibt. Eine Text- und Bildcollage über das Einhorn. München: Wilhlem Fink, 2005. S. 38.

Andreas Sparrmann: Reise nach dem Vorgebirge der guten Hoffnung, den südlichen Polarländern und um die Welt, hauptsächlich aber in den Ländern der Hottentotten und Kaffern in den Jahren 1772 bis 1776; mit Kupfern und einer Landcharte. Online-Ausgabe: http://reader.digitale-sammlungen.de/de/fs1/object/display/bsb10468235_00488.html- Abruf: 1. November 2017

Suzanne Star, Liz Hilton: Das Einhorn Tarot-Spiel. Stamford: Games Sytems, 1995.

Silvia Tennenbaum: Straßen von gestern. München: btb, 2013. S. 67.

Martin Walser: Das Einhorn. Frankfurt am Main: Suhrkamp, 1966. S. 35.

Tennessee Williams: Die Glasmenagerie. Ein Spiel der Erinnerungen. Frankfurt am Main: Fischer, 1984.

Thomas Wosniak: Quedlinburg. Kleine Stadtgeschichte. Regensburg: Friedrich Pustet, 2014.

Einhorn-Blogs

Angelseven: www.angelseven.de/index.html

Kotzendes Einhorn. Blog für Liebe, Kultur, Revolution: www.kotzendes-einhorn.de

Einhorn-Filme

Blade Runner (1982). Mit Harrison Ford, Sean Young, Rutger Hauer. Regie: Ridley Scott.
Ich – Einfach unverbesserlich (2010). Mit Stimmen von Steve Carell, Russell Brand, Elsie Fisher. Regie: Pierre Coffin.
Legenden (1985). Mit Tom Cruise, Mia Sara, Tim Curry. Regie: Ridley Scott.

Das letzte Einhorn (1982). Nach einem Roman von Peter S. Beagle. Mit Stimmen von Mia Farrow, Christopher Lee, Jeff Bridges. Regie: Jules Bass.
My little Pony – Der Film (2017). Mit Stimmen von Emily Blunt, Kristin Chenoweth, Liev Schreiber. Regie: Jayson Thiessen.

Danke

Kein Buch entsteht ohne Mithilfe. Dieses schon gar nicht. So viele Einhörner habe ich erst durch meine Freunde und Bekannten entdeckt.

Zunächst einmal möchte ich meiner Freundin Delia Wilms danken. Sie hat mir nicht nur diverse Einhorn-Accessoires von ihren Reisen mitgebracht. Ihr habe ich auch einen ersten Einblick in dieses Thema zu verdanken. Als wir einmal in der S3 aufgrund von Gleisarbeiten über eine Stunde zwischen Veddel und Hammerbrook steckengeblieben sind, hat sie ihr Datenvolumen dafür verbraten, alles über Einhörner zu ergoogeln. War das spannend! Es war die kürzeste Wartezeit ever, und die Idee zu diesem Lexikon war geboren.

Leonie Lastella hat mich in meiner Begeisterung für dieses Einhorn-Projekt bestätigt. Sie sagte mir: »Die Realität ist etwas für Menschen, die Angst vor Einhörnern haben.« Danke für diese kleine Wolke Glitzerstaub. Meine Freundin Gudrun Gülden hat sich von meiner Einhornbegeisterung so anstecken lassen, dass sie mich kurzerhand nach Paris eingeladen hat, damit wir uns gemeinsam den Tapisserie-Zyklus »Dame mit dem Einhorn« ansehen können. Das ist Freundschaft, wie sie nur Einhornprinzessinnen kennen. Küsschen!

Stella Brikey hat mich immer, wenn es im Angebot des Hamburger Drogeriemarktes »Budnikowsky« Einhorn-Sondereditionen gab, darauf gestoßen. Durch sie bin ich glückliche Besitzerin von Einhorn-Küchen- und Toilettenpapier, Kosmetiktüchern, Traumfängern, Eiswürfelformen und, nun ja, Anti-Kalk-Toilettensteinen geworden. Vielen Dank, alle Dinge bringen mehr Magie in meine Welt. Tina Kollmannsberger hat mich auf diverse Einhorn-Kosmetika aufmerksam gemacht: Ich dusche nun mit Einhorn-Gel und wasche mir die Haare mit Einhorn-Shampoo. Seitdem läuft alles rund mit dem frühen Aufstehen. Kathrin Mechkat hat mich auf den weitreichenden Einfluss des Einhorns in der Yoga- und Esoterik-Szene aufmerksam gemacht. Ich sende ein dankbares Ommmmnicorn. Angie Schulz hat mir die chemische Formel für Einhornduft enträtselt und Michal und Elisabeth Büchle haben mir die Welt von »Narnia« erschlossen. Kathrin Kraft hat mir mit viel Einhorn-Freude beigestanden und einen wunderbaren Radiergummi im Einhorn-Design geschenkt. Der war auch nötig. Merci! Sina Melik Aslanian hat mir die Zeit am Schreibtisch mit Einhorn-Leckereien versüßt. Ich versichere, Einhorn-Pupse schmecken lecker – nach

Vanille und Erdbeer. Danke, Sina, die Packung Einhorn-Fell vernaschen wir zusammen, versprochen.

Danke auch an Regina Zimmermann, die sich mir an der Bücherausgabe der kunsthistorischen Bibliothek der Uni Hamburg spontan als Einhorn-Fan präsentiert und mir ebenso spontan ihre Seminararbeit überlassen hat. Einen Nachlass bei den horrenden Überziehungsgebüren konnte sie leider nicht gewären. Dennoch: großes Einhorn-Danke. Einen lieben Dank auch an Marius Leweke, der seinen Boston-Besuch kurz unterbrochen hat, um mir ein Foto vom Old State House zu schicken – wow! Wer hätte gedacht, dass das Einhorn auch bei der Unabhängigkeitserklärung Amerikas dabei war.

Ewiger Dank gilt meinem Partner Andreas Steffens, der sich hier nicht nur als geduldige Muse betätigt, sondern auch das gesamte Netz nach Hinweisen zum fabelhaftesten aller

Fabeltiere durchforstet hat. Durch ihn bin ich eher auf die sportlichen und technischen Einhorn-Einträge gestoßen. Danke, dass du mich so tatkräftig unterstützt hast.

Natürlich möchte ich meine Agentin Bettina Querfurth herausstellen, die vom ersten Moment an an dieses Projekt geglaubt und es mit allen Kräften unterstützt hat. Auch Alexandra Langenbeck, die die zauberhaften Zeichnungen zu diesem Lexikon beigesteuert hat, schicke ich ein großes Einhorn-Danke. Und zuletzt muss ich unbedingt noch meinen Verlag und meinen Lektor Artur Senger dankend erwähnen, der mir versprach: »Einhörner finden bei Lübbe eine gute Heimat.« Das finden die Einhörner tatsächlich. Sie sagen »Danke«.